开国重臣系列

王导

衣冠南渡立首功

王彦辉 著

辽宁人民出版社

图书在版编目（CIP）数据

衣冠南渡立首功：王导 / 王彦辉著． -- 沈阳：辽宁人民出版社，2025．3． --（历代开国重臣系列 / 赵毅主编）． -- ISBN 978-7-205-11332-2

Ⅰ．K827=37

中国国家版本馆 CIP 数据核字第 2024MN2922 号

出版发行：辽宁人民出版社
　　　　　地址：沈阳市和平区十一纬路 25 号　邮编：110003
　　　　　电话：024-23284191（发行部）　024-23284304（办公室）
　　　　　http：//www.lnpph.com.cn
印　　刷：嘉业印刷（天津）有限公司
幅面尺寸：165mm×235mm
印　　张：18
字　　数：186 千字
出版时间：2025 年 3 月第 1 版
印刷时间：2025 年 3 月第 1 次印刷
责任编辑：赵维宁　姚　远
封面设计：乐　翁
版式设计：一诺设计
责任校对：郑　佳
书　　号：ISBN 978-7-205-11332-2
定　　价：58.00 元

"历代开国重臣系列" 序

展示在读者面前的这套"历代开国重臣系列"，共收录了中国帝制时代由秦至清辅佐开国皇帝创立基业的重臣李斯、萧何、张良、王导、高颎、魏徵、赵普、耶律楚材、李善长、刘基、多尔衮、范文程 12 人的传记，除东晋王导外，其余 11 位传主均为统一型王朝之开国重臣。共计 10 册，由 10 余位史学工作者分别撰写完成。

自秦灭六国，一统天下，至清军入关，定鼎中原，2000 余年的帝制时代，王朝更迭反复无常，国运盛衰纷纭不定，形形色色的人物轮番登上历史舞台，演出了一幕幕人间悲喜剧。

时代造就了这些历史人物，历史就在这幕起幕落中悄然前行。没人怀疑人民是创造历史的动力这一至理名言，中华民族勤劳、勇敢、睿智绝非虚语，杰出人物只有在顺应历史潮流和民众意愿的前提下，才能在时代变革中运筹于帷幄之中，决胜于千里之外。

但是，历史不可能将每个人的活动都详尽地加以记载，翻检正史、政书、实录，唯帝王将相、英雄豪杰之履历和业绩而已。因此，当今天的人们追溯历史、探究历史，只能披阅典籍，循着那些杰出人物的足迹去把握历史发展的脉动。

不仅如此，杰出人物的活动并非只是历史潮流、人民意愿的被动反映。他们是历史的灵魂、人民的代言，当关键时刻来临，他们敢于挺身而出，拔剑而起，建立不朽的功勋和皇皇伟业。

倘若没有这些杰出人物，历史将黯然失色，民众将无所适从。从这层意义来说，书写、研究杰出人物的活动虽然是我们认识历史的被动选择，但也是必然选择。

本套书所收录的12位开国重臣，是这类人物中的典型。他们或来自旧王朝的世家豪族，或出身旧王朝的基层属吏，或属于旧王朝的达官显宦，或是旧王朝失意的知识分子。他们所面临的形势正值新旧王朝交替。当是之时，沧海横流，匹夫兴志，群龙无首，兆庶失归，社会需要新的理念，群黎需要新的代言。

这些人物起于山泽草莽、陇亩幽隐之间，得逢明主，风云际会，展布平生大志。有人挟聪睿之资，经天纬地，一言兴邦；有人荷新主眷顾，克己尽忠，死而后已；有人以持重著称，审时度势，力挽狂澜；有人以刚正名世，规谏君主，勇揭逆鳞，以诤臣流芳后世；有人以博通经史为本，申明典章，恢宏治道；有人以勇略见长，深谋远虑，克敌制胜。

他们佐开国之君于基业草创，拯倒悬之民于水火，成就大业，建立奇勋，垂名当世，贻范后昆。从这一视角观察，他们是成功人物，是时代骄子。但是，从另一视角观察分析，他们中的许多人又是失败人物，难以逃脱悲剧结局。他们所生活的时代，正值专制皇权日渐强化，尊君卑臣日益泛滥。

当大业未就的创业阶段，历史与社会的局限使他们不可能完全按照理想模式重建公平与正义，如此局面之中，委曲求全，已是不可避免；当新朝既立，新皇位加九五之后，这些人虽身处国家权力核心，但地位往往微妙，甚至尴尬。功高震主，兔死狗烹者不乏其人；在权位角逐中，为佞臣诬诋，落职除爵，被赶回"高老庄"者大有人在；而因亲故失检、子孙败德受到牵连，身败名裂者更为常见。像西汉开国重臣张良佐高帝创大业，功成名就，急流勇退，保持令名者并不多见。

本套书作者探微索幽，铺排史实，目的并非仅仅在于重现12位传主的一生主要经历和功过是非，还在于透过这些人的升降浮沉，展示由秦至清2000余年间中国历史发展演变的大体脉络和基本规律；不仅使读者了解上述杰出人物对社会发展带来的推进和影响，也要使读者了解社会现实和文化环境印在这些杰出人物思想与行为上的烙印，从而获得对中国帝制时代历史较为深刻而具体的认识。该书若能在全民普及历史教育的活动中发挥作用，则是作者和编辑最大的心愿。

本套书曾在多年前刊印行世。此次，由辽宁人民出版社再度修订出版。书中所叙述的内容，基本依据典籍所载史实并参酌部分民间传说。对问题的看法及对传主的评价，或基于作者个人的研究探索，或吸纳学界同行的成果，力求科学、实事求是，反映本领域的最新学术认知。

为了使传主形象生动、丰满，使文本富有可读性，在修订过程中，尽力搜求文献资料、披阅同行论著，对传主政治、经济、军事和文化方面的建树乃至生活细节都进行了尽可能详尽的研究。在语言文字方面，力求清新流畅、简洁明快，融学术性和通识性于一体，雅俗共赏是我们期待的社会效果。

本套书规模较大，成于众手，风格互异，在所难免。本套书编撰之初，有的作者已是名满学界的教授，有的还是史学新兵，功力不同，水平必有参差，亦可预料。在本套书修订再版之际，我们诚恳欢迎广大读者批评指正。

辽宁师范大学　赵毅

2023 年 5 月 12 日

目　录

第一章　显赫家族

王导（276—339），字茂弘，琅邪（今山东临沂东北）人。是东晋政权的奠基人之一，先后辅佐元帝（司马睿）、明帝（司马绍）、成帝（司马衍）三朝，在东晋政治舞台上活跃了20多年，为东晋乃至南朝（包括宋、齐、梁、陈四朝）在江东的200余年统治奠定了基础。对王导应如何评价，历代史家褒贬不一，毁誉纷纭。褒之者说他是"江东管夷吾"，比同管仲（春秋时期齐国政治家，相齐桓公首霸中原），有匡国之功；贬之者说他"看似煌煌一代名臣，其实乃并无一事，徒有门阀显荣，为子孙官秩而已"。[①] 那么，我们应该如何评价这位开国功臣的历史功过呢？恐怕需要在充分了解王导一生主要事迹的基础上，才能得出一个符合历史实际的结论。

王导出身于西晋时期北方的一流士族之家，是东晋著名的政治家。东晋开国皇帝司马睿，本身缺少杰出的才智和崇高的声望，在西晋王室中又是疏属，他能取得帝位，在很大程度上取决于以王导为首的琅邪王氏的支持。司马睿也因此把王导比作自己的"萧何"。由于王氏家族在东晋政权的建立过程中以及东晋初年的政治生活中居于举足轻重的地位，故当时有"王与马，共天下"

① 王鸣盛《十七史商榷》卷50。

之说。在东晋南朝门阀统治时期，个人的地位与价值，在很大程度上是由地望——家族来决定的，个人的政治生命同本家族的兴衰休戚相关，可以说一损俱损，一荣俱荣。因此，为了了解本书传主的政治生涯，必须先从王氏家族的发迹史讲起。

一、琅邪王氏族源

中国古代，传统社会结构的基础是宗法家族制，中华先民的主体——农民，世代相沿，聚族而居，唐代诗人白居易对此作过十分生动的写照："一村唯两姓，世世为婚姻。亲疏居有族，少长游有群。"[①] 这种由一个男姓先祖的子孙聚合而成的家族，因其经济利益和文化心态一致，形成稳固的、往往超越朝代的社会实体，成为社会机体生生不息的细胞。同时，随着小农个体经济的发展，这种社会结构在许多方面得到进一步的强化，"五服之内聚族而居"的不成文习惯法，把家族规模限制在最适合自然经济发展的范围内。

秦汉以后，随着中央集权大一统国家的建立，虽然在国家政权机构中，官僚成员间的家族关系有所淡化，但构成中国传统社会基石的，始终是由血缘纽带维系着的宗法性组织——家族。简言之，在漫长的封建社会，家族主要是作

①《白氏长庆集》卷10。

为社会的最基层组织，作为国与民之间的中介而存在着，发挥着生生不息的凝聚功能。它主要不是一个社会政治组织，而是一个社会学意义上的民间组织。在宗法家族制下，每一个社会成员的个人价值由他在本家族中的地位来决定，但在通常情况下，家族并不决定他在社会上的地位（皇族除外）。而在魏晋南北朝时期的门阀政治之下，家族被格外凸显出来，一个人的门第、族望决定他在社会上、仕途上、经济上甚至婚姻上的地位和声望，个人的品德、才智反在其次。门阀制度形成以后，在国家的政治生活中，不仅影响、左右国家大政方针的制定和执行，而且干涉或决定一个王朝的兴衰、皇统的废立。琅邪王氏则是门阀家族中最具代表性的家族，王氏的兴衰可以说几乎同门阀制度相始终。有鉴于此，我们深入解剖这个家族，不仅有助于认识王导其人，而且有助于世族门阀问题研究的深化。

关于琅邪王氏的家族史，《美国家谱学会中国族谱目录》中著录有：黄鞠友撰写的《王谢世表》，1934 年编印；孙以绣所著《王谢世家之兴衰》，1967年编印。据《新唐书·宰相世系表》，琅邪王氏的远祖可以上溯到周代，但可信者只能从西汉昭帝、宣帝时的王吉算起。

《汉书·王吉传》称：王吉，字子阳，是琅邪皋虞（今山东即墨东北）人，从小笃志学习，精通儒家经典，以郡吏举孝廉为郎，补若卢右丞，迁云阳县令。孝廉是汉代选拔人才的科目之一，每年由郡国向朝廷荐举，郎官是汉代官僚的预备队，平时在皇宫熟悉汉家典故，宿卫警备，随从护驾。郎官尽管没有具体职任，但出仕的机会特别多。王吉补若卢右丞，即由郎官直接拜授。按颜师古注："少府之属官有若卢令丞。"《汉旧仪》记载，若卢令、丞主治库兵也。不久，王吉就迁为云阳县令。王吉的起家，在汉代属于正途，即以明经举孝廉为郎，汉人称之为"明经入仕"。其后，王吉历任昌邑中尉、益州刺史，官至博士、谏大夫。他"兼通五经，能为《驺氏春秋》，以《诗》《论语》教授，好梁丘贺说《易》"，一生志向清高，化民易俗。王吉年轻时，曾在长安游学，租室而居，房东家有一棵枣树垂到王吉的庭院中，他的妻子贪图小利，就摘取枣子给王吉吃。后来，王吉知道了这件事，一气之下，就把妻子给休了。房东听说后，有些过意不去，就打算把枣树锯掉，邻里们都品尝过这棵枣树的果实，纷纷表示反对，并请王吉让妻子回来。这件事在邻里中反响很大，人们无不勉励自己的儿孙向王吉学习，并编了一首民谣："东家有树，王阳妇去；东家枣完，去妇复还。"

王吉任昌邑中尉时，因昌邑王刘贺之狱，险些丧生，赖为官忠直而获全。公元前74年，年仅21岁的汉昭帝不幸病逝，因昭帝死后无嗣，群臣举广陵王刘胥继位。广陵王刘胥是武帝之子，这位亲王"好倡乐逸游""动作无法度"，但此时武帝诸子中，只有他还健在，故仓促之中，大将军霍光等即征刘胥准备继承帝位。可尚未登基，就有大臣奏广陵王胥不可承宗庙，于是又改迎昌邑王刘贺继位。刘贺是昌邑哀王刘髆之子、武帝之孙，即位不足一月又被霍光废黜。昌邑王被废，按史书记载，似乎由于他"素狂纵，动作无节"，实则是因为霍光出于巩固霍氏家族的权势而采取的行动。具体来说，昌邑王在国日久，业已形成一股很强的政治势力，将来势必要同霍光分庭抗礼，这是霍光所不能容忍的。加之刘贺刚愎自用，锋芒毕露，不甘心垂拱而南面称尊，其被废是在所难免的。在这场权力角逐中，身为昌邑王属官的王吉，头脑一直比较清醒，他在霍光派人迎昌邑王的当天，就上书劝诫刘贺说："大将军（霍光）仁爱勇智，忠信之德流誉天下，无人不晓，事奉孝武皇帝 20 余年，从来不曾发生过失。先帝（指武帝）抛下他的群臣，留下遗诏由大将军辅政托孤，大将军抱持幼君（昭帝刘弗陵）褓褓之中，布政施教，海内晏然，虽周公、伊尹无以复加。今帝崩亡嗣，大将军惟思可以奉宗庙者，这才拥立大王您。臣希望大王凡事对他礼让三分，政事一一听之，大王垂拱南面而已。愿留意，常以为念。"

这封上书从表面看对霍光推崇备至，实际是给刘贺出了一个委曲求全的计策。王吉深知，霍光专权已久，在朝廷中的权势根深蒂固，刘贺只有"政事一一听之，大王垂拱南面而已"，才能保住皇位，以图远谋。可惜刘贺并未听取，即位 20 余日就被废黜，结果"昌邑群臣坐亡辅导之谊，陷王于恶，光悉诛杀二百余人"，只有王吉因上书谏王得以免死，被剃去头发，判为城旦（刑徒名）。在这场血腥的权力角逐中，王吉因上书措辞得体，含而不露，才幸免于难；如果王吉趋炎附势，阿谀逢迎，恐怕早已成为霍光的刀下鬼，那样一来，便不会繁衍出一个琅邪王氏家族，也不会有王导辅佐司马睿创建东晋的历史了。

王吉子骏，以孝廉为郎，历谏大夫、幽州刺史、司隶校尉。汉成帝打算重用他，出为京兆尹，试以政事。京兆为京畿重地，掌治京师长安及下属 12 县，治所在长安。京兆尹秩 2000 石，与九卿同，且有资格参与朝政，故地位高于一般郡守。由于长安是贵戚官僚云集的地方，极难治理，所以任职者"久者不过二三年，近者数月一岁，辄毁伤失名，以罪过罢"①。在王骏之前，先后有赵广汉、张敞、王尊、王章以任京兆尹显名，至骏并有美誉，故京师为之语曰："前有赵、张，后有三王。"王骏也以经学见长，宰相张禹和名士长孙顺等，都曾跟他学经。《汉书·艺文志》记载《论语》有"鲁王骏说" 20 篇，大概他对《鲁论》有较高的见解。陈咸推荐王骏，说他是"贤父子，经明行修，宜显以厉俗"。光禄勋匡衡也极力荐举，故王骏后官至御史大夫。

王骏子崇，"以父任为郎"，历官刺史、郡守、御史大夫。汉平帝时，王莽秉政，紧锣密鼓地加紧篡汉步伐，树党营私，收揽人才，以王崇为大司空，封扶平侯。王崇深知王莽的居心，为避祸患，遂托病辞职。不久，被宠婢毒死，国除。

从王吉到王崇，世名清廉，"有累世之美"。究其原因，始则通经入仕，继则察举或以父任为郎，再由知旧荐举，遂成世家。

琅邪王氏自西汉后期显名，累世高官厚禄，号称公卿世家，这正是魏晋门阀的前身。我们说，魏晋门阀主要由两汉的"累世公卿"家族演变而成，这只

① 《汉书》卷 76《张敞传》。

是一种发展趋势，并不是说汉代的公卿家族都延续到了魏晋。事实上，由于中国古代地产的不稳定、王朝的更替，能像琅邪王氏这样相传不绝的家族在历史上并不多见。而从琅邪王氏的发家史来讲，其之所以能够累世高官，恰恰源于两汉的选举制度，是汉代察举、明经入仕、承荫等选官制度造就了门阀家族产生和发展的一股趋势，这也正是琅邪王氏到魏晋时期得以崛起的根源。

二、王氏家族的重振

据史书记载：王崇生遵，字伯业，后汉中大夫，义乡侯。生二子：时、音。王音字少玄，官至大将军，生四子：谊、睿、典、融。王融字巨伟，有二子：祥、览。自遵至祥、览四世，历汉魏二百余年，显然是不合乎逻辑的。世系不明，加上王遵、王时、王谊事迹无考，说明王氏家族在东汉不显。到汉魏之际，王祥兄弟及其父、祖、族人的活动才见于记载。

王祥字休徵，居于琅邪临沂县。王祥天性孝顺，继母朱氏待他十分苛刻，但王祥对继母却很恭敬谨慎。有一次继母想吃生鱼，时值天寒冰冻，王祥解衣准备破冰抓鱼，忽然一尺多厚的冰面自行断裂，两尾鲤鱼一跃而出。继母的亲生儿子王览，年仅几岁，每次看到王祥遭受鞭打，就哭泣流泪，抱住母亲的手为王祥求情。继母让王祥去做危险的事，王览一定跟着一起去。王祥成年后，娶了妻子，继母动辄就对王祥的妻子施加虐待，每当这时，王览的妻子也一起承受。继母不愿亲儿亲媳跟着受苦，这才对王祥夫妇的暴行稍加节制。王祥渐渐有了美好的名声，继母痛恨嫉妒，趁人不注意，把毒药放进王祥的酒杯中，王览看在眼里，拿起杯子就喝，继母大吃一惊，急忙夺下酒杯将毒酒泼到地上。从此之后，继母给王祥做饭，王览一定先吃几口，继母怕王览被毒死，这才中止谋害行为。

东汉末年，天下大乱，王祥隐居 30 余年，不接受州郡政府的征召延聘。继母病逝后，王祥悲恸过度，卧病在床，扶着手杖才能起身。徐州刺史吕虔闻其高名，征聘王祥为本州别驾，把州府的事全权委托他处理。州境之内一派升平，政令和教化都得以推行，故时人有歌谣赞美他说："徐州安康，全靠王祥。仓库不空，王祥之功。"

曹魏高贵乡公曹髦在位时期（254—260），王祥累官至司隶校尉，封关内侯。司马昭继任相国、封为晋公之后，篡夺曹魏政权的条件基本成熟。魏帝曹髦眼睁睁看着朝中大权逐渐丧失，忠于魏室的势力夏侯玄、李丰、毌丘俭、文钦一个个被剪除，忍无可忍，气愤地对左右说："司马昭之心，路人皆知。"于是曹髦亲自率领皇宫禁卫兵及奴仆、侍从冲向司马昭的住处。结果是以卵击石，自取其辱，曹髦被贾充部下成济所杀。消息传出后，群臣纷纷入宫举哀，王祥一面号哭一面说"老臣无状，老臣无状"。

及司马昭晋升"晋王"，王祥、何曾、荀𫖮共同去朝拜司马昭。荀𫖮对王祥说："相国身兼晋王，至为尊贵，何曾等朝廷官员，都大礼参拜，今日相见，我们二人也应施以大礼才是。"

王祥说："相国虽然尊贵，但仍是魏朝的宰相，我们则是魏朝的三公（时王祥为太尉）。王与三公只相差一个等级，岂有天子的三公，随便向人叩头之礼？这样做，不但有损魏朝的威望，也会损害晋王（司马昭）的盛德，我不会这样做。"

进去以后，荀颚快步向前，不敢仰视，跪地叩头，而王祥只拱手长揖而已。司马昭对王祥说："今天才知道你对我是何等的爱护。"试想一下，司马昭此时虽大权在握，但在名分上毕竟身为人臣，为笼络人心起见，还不敢明目张胆地动用天子的礼仪。王祥深谙其中的奥秘，既迎合了司马昭的心理，又获得一个言行有礼的美名。正因为如此，到司马炎代魏时，王祥不但没有受到排挤，反而以先朝元老受到尊崇，官至太保，封睢陵公。

王览也以"孝友恭恪"见称于世，仕魏为太中大夫，封即丘子。兄弟二人，地位显赫，由此提高了琅邪王氏的声望和门第。王祥五子，多至郡守；王览后代也世多贤才。王导即王览之孙，后来成就江东侨姓第一族。

大体与王祥兄弟同时，琅邪王氏还有以魏幽州刺史王雄为祖的一支，活跃在魏晋历史舞台上。王雄为王祥宗人，"有胆智技能文武之姿"，"忠烈之性，逾越伦辈"①，仕魏官至幽州刺史。王雄有两子：浑、乂。

---

① 《三国志》卷24《崔林传》注引《魏名臣奏》。

王浑，官至凉州刺史。王浑子王戎，不仅仕途显赫，而且还是当时著名的文士，跻身于"竹林七贤"之列。

王戎字濬冲，自幼聪颖，六七岁时，曾到宣武场看戏，猛兽在栏中吼啸震地，围观的人都惊得纷纷离开，只有王戎站立不动，神态自若。魏明帝曹叡在楼阁上看到这一切，感到很惊奇。他还曾跟一群儿童在路上玩耍，发现一株李树上结满了果实，把树枝压得摇摇欲坠，其他的儿童都争着跑过去采摘，而王戎却笑着不动。路过之人见而奇之，就问他为什么不去摘。王戎说："树在道边而多子，必苦李也。"那人取下一个尝尝，果真如此。

王戎显名，得力于名士阮籍的推崇。

阮籍（210—263），字嗣宗，是陈留尉氏（今河南开封）人。早年好诗书，有济世之志，曾登上广武山观看楚汉古战场，感慨说："时无英雄，遂使竖子成名！"但他生活在魏晋之际，不仅抱负无由施展，连生命也受到威胁。于是他终日饮酒昏酣，遗落世事。阮籍在哲学思想上始终服膺老庄，越名教而任自然。在文学上造诣极深，其代表作品《咏怀诗》（八十二首五言诗）和《大人先生传》（是一篇著名的赋体传记），颇负盛誉，流传至今。阮籍与王戎之父王浑是朋友，当时年仅15岁的王戎随父住在郎舍，每次阮籍来，都一定同王戎畅谈，并对王浑说："濬冲清赏，非你等可比。我和你交谈，不如跟阿戎交谈尽兴。"从此，王戎便经常同阮籍交往，并通过阮籍结识了谯国嵇康，河内山涛、向秀，沛国刘伶，陈留阮咸等才子名流。这七个人都是当时文坛上的著名人物。

正始（240—249）是魏齐王曹芳的年号，这一时期正值魏晋过渡之际，司马氏集团和曹魏集团之间争权夺利的斗争异常尖锐残酷，"名士少有全者"。王戎便与其他六人经常结伴游于山阳（今河南修武）的竹林之中，抚琴赋诗，执麈（即麈尾。古以驼鹿尾为拂尘，因称拂尘为麈尾，或省作麈。当时名门望族常手执麈尾谈玄论道，成为清谈的一种象征）论辩，放浪形骸。这七个人都是正始时期文坛的代表人物，故人们便把这几位志趣相投的名士誉为"竹林七贤"。

"竹林七贤"并不是一个政治态度和思想倾向完全一致的政治集团，如果说他们有共同之处，那就是都曾不同程度地受过玄学思潮的影响，对险恶的政局怀有不满或存有戒心。但彼此之间没有某种政治纲领或行动安排，在思想意识、处世哲学乃至人品道德方面也表现出很大的差异。所以，随着司马氏集团政治压力的增大，"竹林七贤"逐渐分化瓦解，良莠互见。

嵇康是"七贤"之中思想最为深刻、最富批判精神、傲岸独立、勇于献身的佼佼者。他抨击仁义、礼让、六经、礼律这一套名教，反对君主为一家一姓的私利；他大胆地否定儒家的圣人，提出"非汤武而薄周孔"的口号。他主张"越名教而任自然"，"任自然"表现在政治方面就是无为而治，表现在个人行为上就是必须事事合于"道"。嵇康还用自己的"行"一再表示不向司马氏妥协的决心。比如司马氏的爪牙钟会去拜访他，当时嵇康正在树下打铁，"扬槌不辍，旁若无人，移时不交一语"①。钟会尴尬万分，恼羞而去。后来钟会力主杀嵇康，罪名是"上不臣天子，下不事王侯，轻时傲世，不为物用"。

与嵇康相匹的另一位人物是阮籍，他对现实的批判与嵇康毫无二致，甚至更激烈地提出无君思想，认为君主专制是天下动乱、百姓罹难的根源。他在《大人先生传》一文中，嘲弄那些礼法之士，将他们喻为寄生在王权"裈"中的群虱。他不遵礼法、放达任诞的行为远远多于嵇康。比如他醉卧卖酒妇之侧，凭吊未嫁而亡的兵家女，母丧饮酒食豚，等等。嵇康死后，他拼命地摧残自己的身体，两年之后追随亡友而去。

"七贤"之中，王戎早年号为清谈名士，但实际上是个利禄之徒，为人鄙吝，功名心最盛。他先是袭父爵贞陵亭侯，辟相国掾属，而后历吏部黄门郎、散骑常侍、河东太守、荆州刺史。王戎很快投靠了司马氏，参与灭吴，晋爵安丰县侯，增邑6000户。晋武帝朝，王戎尚能克制自己，累官至吏部尚书、司徒等。惠帝时则"苟媚取容"，优游暇豫，不失其位，虽身为三公，却随波逐流，与世浮沉，对国家大事，从不提一点儿意见，全都推给僚属，只喜欢到外面游逛。他还贪财成癖，田产林园遍布全国，经常自己摊开账簿，拿起牙筹（与后代算盘作用相同），夜以继日地筹划计算，好像他的财富永远不够。他女儿出嫁向他借了点钱，回来探亲没有还钱的意思，王戎马上拉下脸，女儿还了钱，他才高兴。侄子结婚，他只送了一件单衣，婚后马上索回。家里有棵好品

①《世说新语·简傲篇》。

种的李树，果实鲜美，摘下来贩卖，又怕别人得到树种，所以就先将李核钻破。任命官员，不管实际能力，只看对方的家世和知名度。阮咸的儿子阮瞻，曾经拜见王戎，王戎问："圣人尊重名教，老子、庄子则提倡自然，意义是不是相同？"阮瞻说："似相同！"王戎赞叹不已，遂延聘他担任司徒掾属，时人戏称之为"三字秘书"。惠帝永兴二年（305），王戎病卒，时年72岁。

王乂仕魏官至平北将军，王乂子衍，亦当世名士，西晋时，官至太尉。

王衍字夷甫，自幼一表人才，眉清目秀。小时候，山涛看到他，感叹不已，说："谁家老太婆，生下这么漂亮的儿子！可误尽天下苍生的，也可能就是他。"晋武帝的岳父杨骏曾想把女儿嫁给他，王衍深以为耻，故意装疯卖傻，这才得免。晋武帝听说他很有名气，就问王戎："夷甫在当世可与谁相比？"王戎回答说："没发现可与他相匹的，应当到古人那儿去寻求。"王衍由此越发知名。

曹魏正始年间，何晏、王弼等遵奉老庄，认为天地万物，皆以"无"为本，由此遂开魏晋玄学之风。玄学是老庄哲学在新形势下的复兴，是指对《老子》《庄子》《周易》这"三玄"的研究与解说。当时一些玄学家往往手执麈尾，口谈玄虚，称为清谈。玄学是清谈的主要依据和内容，清谈是对玄学的阐述和表达方式。

王衍等人特别推崇清谈，特别是在魏晋政权交替之时，曹氏和司马氏两个集团的钩心斗角愈演愈烈，热心政治的许多名士相继被杀，如何晏、嵇康等都先后死于非命。于是，像王戎、王衍一类的大官僚，以玄谈为事，完全流入玄虚之境，或虚浮夸诞，故作姿态；或故弄玄虚，钓取功名利禄。王衍就不理政事，"妙善玄言，唯谈老庄为事。每捉玉柄麈尾，与手同色。义理有所不安，随即改更，世号'口中雌黄'"。朝廷士大夫也一致认为浮夸怪诞才是美德，敬业和脚踏实地的精神，遂全被破坏。

当时，只有侍中裴颜对这种现象深为忧虑，特撰写《崇有论》一文，抨击他们的弊端。可王衍处之自若，执麈玄谈，朝野景慕，号称"一世龙门"。由于王氏门高族盛，王衍官运亨通，历任黄门侍郎、中领军、尚书令、太尉。

王衍之弟王澄，字平子，亦崇尚清谈。王澄跟阮咸、阮咸的侄儿阮修、泰山人胡毋辅之以及陈国谢鲲、城阳王尼、新蔡毕卓，都认为放荡任性就是开朗豁达，甚至狂醉酗酒，赤身露体，也不以为非。胡毋辅之曾经居家狂饮，他的儿子胡毋谦之从门缝往里偷瞧，厉声高叫老父的别名："彦国，你年纪已老，不要再喝啦。"胡毋辅之大笑，把儿子叫进去一起喝。毕卓曾任吏部郎，邻居刚酿出新酒，他便趁着三分醉意，半夜爬进邻居家中的酒窖，偷喝个够，结果被看管酒窖的人捉住，捆绑个结结实实，第二天天亮一查问，才知道是吏部郎毕卓。河南尹乐广听说后，大笑道："名教之中，也有乐趣，何必如此！"

"八王之乱"后期，东海王司马越控制朝政大权，任王衍为太尉，尚书令如故。司马越死后，王衍护送司马越的棺木前往东海，中途被羯人石勒围歼，王衍被俘。临刑前，王衍对左右说："呜呼！吾曹虽不如古人，向若不祖尚浮虚，勠力以匡天下，犹可不至今日。"后来，东晋大司马桓温北伐时，看到淮北一片凄凉的景象，曾感慨地说："遂使神州陆沉，百年丘墟，王夷甫诸人不得不任其责！"指的就是王衍等人清谈误国的行径。当然，西晋的灭亡、北方的沦陷，并不能仅归咎于清谈，魏晋玄风尽管存在着浮虚的一面，但其主流是积极的，因为它第一次对两汉虚伪的名教进行了批判，以清新俊逸的论证来反对沉滞烦琐的章句注释，以怀疑论否定了阴阳灾异之说和谶纬迷信，以饱蕴哲理的理论思辨在中华学术史上留下了辉煌的一章。

总之，王衍在两晋是很受世人崇敬的，王敦（王导从兄）经常称赞他说："夷甫处众中，如珠玉在瓦石间。"顾恺之作画赞，也称颂王衍"岩岩清峙，壁立千仞"。

如前所述，王雄后人在西晋一朝曾煊赫一时，但不久都随着西晋的覆灭而销声匿迹了。虽然如此，王祥、王览、王雄及其子孙，一门之中出了这么多风流之士、世代显宦，表明琅邪王氏的高门世族地位已经确立了。

三、江南侨姓第一族

琅邪王氏在西晋时已经可以跟颍川的荀氏、陈氏，河东的裴氏等并驾齐驱，成为当时的名门盛族。但是，它成为江南首族，则是从东晋开始的。晋元帝司马睿始镇江东，公族寡弱，唯赖琅邪王氏来支撑，故有"王与马，共天下"之说。其后，虽有王敦之乱，琅邪王氏的势力有所削弱，但由于王导等人的巧妙周旋以及其他大族的合力救助，并没有伤其元气。自东晋末年至整个南朝时期，政权更迭频繁，时局变幻无常，但即使南方世族日益衰微，琅邪王氏的首族地位也还一直保持着。

两晋为王氏的上升时期，王氏家族见于仕宦的计有64人，入仕由中央或地方官吏征辟的有9人，他们是王祥、王览、王戎、王澄、王珣、王舒、王廙、王彬、王微之。由朝廷直接任命的有22人。这64人中，担任地方官职如太守、刺史、内史、主簿、县令等职而终的有26人。可以说，王氏子弟在当时如果不是早卒，不管其行为如何，都会有一官半职，无一遗漏。中央官职中，王氏多担任尚书令、中书令、侍中、散骑等，而且大多由地方官升任。上述诸官职均为清简贵要之职，对文化修养要求极高。当时，官吏的选迁虽然与被选迁者的家族地位有关，但实际上更注重用文化修养来衡量，如果不会谈玄论道，则为士族所不齿。王氏家族很注重对家族成员做士大夫的培养，故王氏子弟多以文化见长。如王澄"崇慕玄风"，王珣"神情朗悟，经史明彻"，王廙"多所通涉"，王彬"少称雅正"，等等。正因为如此，两晋时期王氏仕宦至一、二品的就有6人：王祥、王敦、王导、王戎、王衍、王谧。

两晋时期，琅邪王氏也不鄙视军职，据《二十五史补编·东晋方镇年表》，王氏仅出任方镇的就有17人。王导担任过右将军、骠骑将军、都督中外诸军事，其子王恬"领兵镇石头"，王导从弟王舒参与平定苏峻之乱。从一定意义上讲，掌握军队与否，决定了高门世族的实际政治地位高低。

南朝时期，琅邪王氏依然是社会上显赫的第一大家族，特别是刘宋一朝，琅邪王氏最为显赫。刘裕代晋自立以后，谯郡桓氏、太原王氏、渤海刁氏、会稽虞氏等相继被诛灭，而琅邪王氏不仅得以保全，而且成为刘裕的佐命功臣。刘宋一代，王氏家族成员共66人出仕，其中入仕为宰相三公者7人，仆射侍中者20人，中书监令者6人，刺史郡守者33人，家势之盛，他族莫比。

萧齐时期，王氏家族成员44人，3人官至宰相三公，15人至仆射侍中，4人至中书监令，14人至刺史郡守，家势之强盛，不减于刘宋朝。

梁陈时期，王氏家族之人因为善于处世应变而相继成为新朝功臣，正所谓"市朝亟革，宠贵方来，陵阙虽殊，顾眄（还视曰顾，斜视曰眄，意为转眼）如一"[1]，从而保持了王氏家族江南一流世族的地位。

魏晋南朝时期，王氏仕宦者见于记载的多达207人。是什么原因促成这一家族长盛不衰呢？从客观条件来说，是门阀制度造就了琅邪王氏这一家族。门阀制度在政治上得以形成的关键是九品中正制，正是在九品官人法之下，才使王氏这样的高门第家族"平流进取，坐至公卿"。

九品中正制是魏文帝曹丕时期制定和推行的。其实，早在东汉中后期，由于察选、征辟制度的种种弊端，已使一些公卿家族实际上把持了官吏的选举。

---

① 《南齐书》卷23《王俭传》。

东汉选官主要有两个途径：一是郡国岁举孝廉（察举）；二是公府或天子征召（征辟）。郡国守相进行察举，是根据乡里声望，即所谓乡举里选。随着地方豪族势力的增长，乡党舆论逐渐被一体化的官僚和豪族所支配。从征辟制度来讲，东汉时三公府和地方牧守均可自辟掾属。以牧守言之，每年由郡国向中央推举的孝廉、茂才等人选以及三公府辟召的属吏，多从郡国属吏中选拔；以公府言之，由公府岁举或皇帝下诏特举的官员多从公府属吏中选出。这些被举、被辟的人，成为举主、府主的门生、故吏。门生、故吏为了利禄，不惜以君臣、父子之礼侍奉举主、府主。举主、府主和门生、故吏的结合形成了官僚集团。这些官僚家族又往往是专攻一经的儒学世家，通经可以入仕，由此演变成"累世公卿"的局面。如世传欧阳《尚书》之学的弘农杨氏，自杨震以后，四世皆为三公。世传孟氏《易》学的汝南袁氏，四世之中居三公者竟多至5人。这些"累世公卿"集团就是魏晋时期门阀的前身，由于他们世居高位，门生、故吏遍于天下，实际垄断了东汉的选举。所以，社会上出现了"选士而论族姓阀阅"[1]"贡荐则必阀阅在前"[2]的局面。

东汉末年黄巾农民起义爆发以后，由于长年战乱，中原地主官僚逃亡外地（吴、荆、益、广、交），使东汉根据地望和乡党舆论选拔官吏的制度无法实行，为此，不得不根据地主官僚流徙的现状做出相应的调整。

---

[1] 仲长统《昌言》。
[2] 王符《潜夫论》卷8《交际篇》。

从内容上说，九品官人法的出台，是长期以来贯穿于曹操"唯才是举"思想中的人才甄别思考的制度化。前文已经述及，东汉选官沿用察举，察举的标准是德、才（重门第、阀阅是执行中的弊端），而以德为先。在这种条件下，一个人尽管有亮世不群之才，如果没有乡里之誉，原则上是没有资格应孝廉之举的。曹操一反汉代的人才观念，认为德和才是可以分开的，"治平尚德行，有事赏功能"[①]，因此一连颁发了四条"唯才是举"的诏令。但乡村社会的传统是否认才优于德的标准的，而顽固坚持德的标准，和曹操的思想尖锐对立，为此，曹操曾以愤怒的口吻批评乡论说：

> 阿党比周，先圣所疾也。闻冀州俗，父子异部，更相毁誉。昔直
> 不疑无兄，世人谓之盗嫂；第五伯鱼三娶孤女，谓之挝妇翁；王凤擅
> 权，谷永比之申伯；王商忠议，张匡谓之左道：此皆以白为黑，欺天
> 罔君者也。吾欲整齐风俗，四者不除，吾以为羞。[②]

在曹操看来，乡论并不是公平的，而他要"整齐风俗"，重建公平，就需要另建一套掌握公平的机关，这一机关，就是后来陈群创立的中正。

魏文帝黄初元年（220），吏部尚书陈群认为，汉王朝的选举制度并不能公

---

①《三国志》卷1《武帝纪》注引《魏书》。
②《三国志》卷1《武帝纪》。

平地选拔天下人才，于是创立"九品任官条例"。陈群创立的九品官人法，一开始就包括两个内容：一是对现任官员进行品评，一是对官吏的候补者进行品评。前者完善、发展为九品官制，后者形成九品中正制。

九品中正制规定：州郡都设立中正官，负责主持考察选举工作，物色州郡中有能力而又有见识的人才，进行评估，根据家世、本人的才与德，定出九品，即上上、上中、上下、中上、中中、中下、下上、下中、下下九个等级，作为吏部选官的依据。

九品官人制的目的在于任官，起初是"论人才优劣，非谓世族高卑"[①]，重在才能与德行。后来由于中正官多由门阀世族担任，此制度逐渐演变成门阀世族垄断选举的一种政治特权，家世的历史记录（即所谓"簿阀""簿世"或"簿录阀阅"）就成了选官的主要依据。于是"台阁选举，徒塞耳目，九品访人，唯问中正。故据上品者，非公侯之子孙则当涂之昆弟"。血统与出身成为士族子弟夸耀自己的唯一资本，到西晋时，遂出现了"上品无寒门，下品无世族"的局面。

琅邪王氏，族源流长，累世高官，门第高贵，九品中正制恰恰为王氏家族成员出仕铺设了一条通天之路。

从王氏家族成员主观努力的方面来说，我们根据对已有材料的分析，似应包括以下几点：

_____

[①]《宋书》卷94《恩幸传序》。

其一，善于处世应变是维持门户的重要手段。

在我国，宗法大家庭和宗族观念很早就根深蒂固地存在着。汉晋之际，政权屡易，忠于一家一姓的"忠孝"观念已经没有多大意义。相反，为避免身家之祸，保全门户则显得更为实际。如王祥在司马昭杀魏帝曹髦之后，一方面自愧"老臣无状"；另一方面又不肯为曹氏死节，实际上支持了司马氏。王戎"与时舒卷，无蹇谔之节"，王衍"虽居宰辅之重，不以经国为念，而思自全之计"，都是在从不同的角度、用不同的方式谋求门户的保全和发展。因为把家看得比国重，故每当变故将要或已经发生时，琅邪王氏成员考虑的首先是自己的家族。他们利用族大、人多、势强的优势，同各方面有权势的人物保持着联系，然后再利用这种联系为保全门户作准备。如晋宋动乱之际，王谧之依附刘裕，王诞则与司马元显、桓玄、卢循、刘裕等都有一定联系。后来，随着事态的发展，刘裕渐渐居上，琅邪王氏成员也逐渐麇集于刘裕门下，有的"尽心归奉"，有的为刘裕加九锡而奔波，甚至有的为刘裕代鸠晋帝以图富贵。

琅邪王氏作为江南首族，除了朝代递嬗时依附于权臣外，在一般情况下，总是注意不使自己门族太盛，这也是它善于应变的内容之一。如刘宋元嘉末，王僧绰被委以重任，朝政大小，无不预闻，其从兄王微就写信劝他损抑，指出持满戒盈，"自是家门旧风"，而且正因如此，"士颇以此容之"①。王僧绰于是请求外任以避嫌。他们大多都能淡然自守，"常以门宗贵盛，恒思减退"。

_____

① 《宋书》卷71《王僧绰传》。

总之，琅邪王氏在江南能保持住一流大族的地位，除了门第关系外，还因为他们善于灵活运用保全身家的处世策略：治世则积极进取，时常注意损抑，以免遭忌；乱世则静观时变，以待所归。

其二，能注意对家族成员进行士大夫的培养。

东晋南朝之时，人们衡量一个士大夫的地位和名声，重在人、地两个方面。人指个人的学识、才思、品德、风度和举止等；地指门第、家世。琅邪王氏为光大门庭，尤其注意对子弟的培养和教育。如萧齐时王僧虔作《诫子书》、梁时卫筠撰《与诸儿书》、梁时王褒著《幼训》等，均教导子孙努力上进，读数百卷书。

受家教的影响，王氏子弟多能努力向学，加上他们有优越的生活、充足的时间、丰富的典籍、家学的熏陶，所以很多人都学有所成。其中有的比较全面，有的专长于某一方面。东晋王廙少能属文，多所通涉，工书画，善音乐、射御、博弈、杂技；宋时王微善属文，能书画，兼通音律、医方、阴阳术数。

在经学方面，晋宋时，王准之兼明《礼》《传》，兼通玄学；宋齐时，天下悉以文采相尚，王俭"发言吐论，造次必于儒教……儒教于此大兴"[1]。

在史学方面，刘宋时王韶之据其父伟之所录东晋孝武帝太元及安帝隆安时事，撰《晋安帝阳秋》（一作《晋安帝纪》或《晋纪》）；萧齐时王智深奉命撰《宋纪》；萧梁时王规集后汉众家异同，注《续汉书》200卷。

---

[1]《南史》卷22《王俭传》。

文学方面如王僧达、王融、王籍、王规、王训、王泰、王筠、王锡、王彬等都各有造诣，兹不一一讲述。

此外，王氏子弟在书画、乐舞、弈棋、法律、图书整理等方面也皆有突出贡献。如王羲之、王献之父子的书法已家喻户晓，王凝之、王僧祐、王籍、王僧虔、王志、王彬等也能自成一家。王俭依《七略》撰《七志》，又撰《元徽四部书目》等。以上都是王氏子弟对当时文化发展的贡献。

其三，姻亲的提携和帮助。

联姻是士族，特别是侨姓士族维持其高门地位的一种重要手段。琅邪王氏的婚姻状况就可说明这一点。

据统计，与琅邪王氏有婚姻关系的共有 41 姓 47 族，其中可分为皇室和世族两大类。王氏与之通婚的皇族或曾是皇族的共有七姓，即吴郡孙氏、河内司马氏、彭城刘氏、兰陵萧氏、吴兴陈氏、河南元氏和陇西李氏，其中彭城刘氏和兰陵萧氏又是王氏在南朝时期的主要联姻对象。据现有资料统计，自晋至陈，琅邪王氏子弟娶公主者 23 人（献之、锟、练、偃、景文、僧绰、藻、俭、志、莹、亮、彬、观、暕、茂璋、琳、湮、实、铨、稚、泛、宽、充）；娶宗室女者 8 人（僧虔、琛、闵之、法兴、僧达、慈、琼、褒）；女为皇后或中宫妃嫔者 10 人，为太子诸王和皇室子弟妃嫔、夫人者 11 人。这种密切的婚姻关系无疑会对琅邪王氏的家族地位产生影响，给王氏家族带来利益。

琅邪王氏与皇室之外的婚姻，大都在侨姓高门之间进行。东晋王氏与皇室之外婚姻可考者有 16 人，其联姻对象包括河内温氏、陈郡谢氏、高平郗氏、西河宋氏、陈郡殷氏、泰山羊氏、太原温氏、南阳乐氏、谯国桓氏、吴兴施氏。而且累世联姻，如王导娶彭城曹韶女曹淑，王导族侄王会之又娶曹曼女曹季姜。陈郡谢氏也是江南一流大族，王氏与谢氏因而累世联姻，计东晋三、刘宋三、萧齐三、萧梁一，这条婚姻纽带把他们拴在一起，在政治斗争中双方得以互相提携和支持，从而为王氏家族的繁衍和发展、势力的保存提供了有利条件。

我们说，琅邪王氏利用内外条件，在东晋南朝时期一直保持着江南首族的地位，但不是说，它能始终长盛不衰。实质上，王氏家族自东晋以后，就逐渐走向了没落。

四、花好终有凋零时

琅邪王氏的势力大致在东晋初年王敦、王导辅政时达到了顶峰，此后，便逐渐衰弱，终于走到了王氏族谱的历史尽头。

如前所述，王氏家族是随着门阀制度的发生、发展而兴盛起来的，王氏家族的命运同门阀制度的盛衰休戚相关，可谓一荣俱荣，一损俱损。因此说，王氏家族衰弱既有因罪受诛、变乱被杀等偶然因素，更有其伴随门阀制度的衰亡而退出历史舞台的必然性因素。

东晋一朝是门阀统治的鼎盛时期。晋安帝隆安三年（399）爆发了由孙恩、卢循领导的反晋起义。在这次江南地区最大规模的反晋斗争中，门阀大族，尤其是王、谢等高门士族遭受到了沉重打击。会稽内史王凝之、吴兴太守谢邈以及谢明慧、谢冲、孔道、孔福等人先后被杀，谢方明家则"合门遇祸，资产无遗"。经过这次打击，王、谢等大族丧失了对军队的控制权，门阀士族由此走向衰落。

进入南朝以后，门阀士族由于长期处于极优越的政治地位，可以依靠家世"平流进取，坐致公卿"，因此在仕途上只做一些清要官职，不乐军职，又不乐武位，从而使寒门地主逐渐掌握了军政大权。

门阀士族靠特权生存，这就决定他们必然要走向腐朽。《颜氏家训·涉务》称：

> 江南冠带……多迂诞浮华，不涉世务……未有力田，悉资俸禄而食耳。假令有者，皆信僮仆为之，未尝目观起一堧土，耘一株苗，不知几月当下，几月当收，安识世间余务乎？故治官则不了，营家则不办，皆优闲之过也。

他们虽然做高官，但不会办事，也不屑于办理具体事务。他们大多不学无术，只会装腔作势。他们体羸气短，不耐寒暑，走路要人扶，连马也不敢骑。更有甚者，建康令王复看到马又嘶又跳，吓得对人说："正是虎，何故名为马乎？"这都说明，士族及其子弟已变为一个丧失统治能力的寄生阶层，再也经不起任何冲击，一旦遇到变乱，只能坐死。

梁武帝末年，侯景之乱又给门阀致命一击。侯景原是东魏将领，后来以黄河13州土地降梁。叛乱前，他曾向王、谢二姓求婚，梁武帝萧衍答复说："王、谢门高非偶，可于朱、张以下访之。"侯景由此特别憎恨江南大族，待他举兵攻下建康（今南京）后，对大族的屠杀十分残酷。"悉驱城内文武，裸身而出，贼交兵杀之，死者三千余人。"[1]王、谢二族受到的屠杀和羞辱最惨烈，凡王、谢二姓，不分老幼、男子抓一个杀一个；女子则被剥光衣服，在光天化日之下被轮奸致死，甚至连几岁的幼女也不放过。经过这次大屠杀，王、谢的门第和世家从此消失。在屠杀、疾疫、灾荒的交迫下，"中原冠带随晋渡江者百余家……至是在都者，覆灭略尽"[2]。江南门阀从此日薄西山，一蹶不振。

琅邪王氏的衰落，几乎与江南门阀同步，大体经历了以下几个阶段。

东晋初年，琅邪王氏宗族擅势，导致了其与皇权之间的矛盾愈演愈烈，结果引起王敦之乱。王敦之乱后，琅邪王氏的元气虽然未受到根本损伤，但已经失去与司马氏"共天下"的地位。刘宋元嘉末到萧齐末，政局动荡，琅邪王氏

---

[1]《南史》卷80《侯景传》。
[2] 颜之推《观我生赋》自注。

也处于艰难时期。元嘉末，王僧绰因参与谋废太子刘劭事，被刘劭杀害。宋孝武帝时，王僧达以平定刘劭事，居功自傲，最终以谋反罪被赐死。齐永明中，王奂、王晏遭明帝猜忌，王晏与二子被杀于建康，王奂及五子分别被杀于襄阳和建康。总计从宋元嘉末到齐末的 40 余年间，琅邪王氏先后有 23 人被杀，足见王氏家族的势力已经日趋衰败。

梁陈时期，从形式上（如仕宦、婚姻）看，琅邪王氏仍处于一流世族的地位，实际上是处在进一步衰落中。以仕宦言之，早在刘宋以后，王氏的军权就被削弱。南朝王氏被授予"大将军"称号的共有 17 人，虽然人数不少，但职务形同虚设，实际不领兵。梁陈时期王氏担任中央官职的人数骤增，但实际上这些官职的作用已发生了明显变化。如侍中与散骑，在两晋不仅清简而且贵要，"晋世名家有国封者，起家多拜员外散骑侍郎"，但刘宋以后，已是"职位闲散，用人渐轻"，侍中也不过是一种摆设，王氏家族逐渐不亲军政事务了。

琅邪王氏家族成员也同其他门阀一样，变得优游度日，不求进取，腐朽到了极点，从而进一步加速了其衰亡的过程。侯景之乱的突然爆发，使南方门阀遭到一次毁灭性打击。大乱之时，王筠等王氏之家大多同时遇难。侯景之乱后，梁朝分裂，王氏幸存者如王褒、王克等投奔江陵政权梁元帝萧绎（萧衍第七子），江陵沦陷后被迁于关中。从此，王氏子弟分仕于西魏和陈朝，势力分散，江南首族地位一去不返。隋灭陈后，琅邪王氏后代散布于河北江南，天各一方，正如《南史》卷 24 传论所说："观夫晋氏以来，诸王冠冕不替……及于陈亡之年，曩时人物扫地尽矣。"王氏作为特殊世族的历史至此宣告结束。

　　王氏家族从魏晋崛起，东晋以后长期称雄江南，久盛不衰，这在中国古代专制皇权体制下，是一种并不多见的历史现象。即使在东晋南朝时期专制皇权有所削弱的情况下，也属罕见。通过了解琅邪王氏的兴起、演变的大体概况，会加深我们对王导一生的了解，特别是对王导在东晋初年所处特殊地位的把握。

第二章 崭露头角

王导出身于北方头等大族琅邪王氏，其家族势力在西晋时已相当显赫。族兄王衍官至司徒、尚书令、太尉，是西晋屈指可数的要臣；另外两位族兄王敦、王澄分别为青州、荆州刺史，掌握着一方权柄。王导也素怀大志，据说陈留人张公是一位很有名望的人，见到王导（时年14岁）很是欣赏，对王敦说："此儿容貌志气，将相之器也。"①但王导在西晋之时并不知名，直到"八王之乱"后期，他才起家做了东阁祭酒。东阁祭酒是公府的参佐，并不显要，后参东海王司马越军事。王导显名，特别是成为一代开国功臣，得力于"八王之乱"带来的直接后果——中国北方地区动乱这一客观形势，所谓时势造英雄也。

"八王之乱"是西晋末年皇族间进行的一场血腥大混战，其之所以在晋武帝司马炎去世后不久爆发，有着深刻的制度上的原因和人事安排上的偶然因素。

---

① 《晋书》卷65《王导传》，以下凡引此传不复注。

一、宗王分封与出专方镇

司马氏是篡夺曹魏政权而建立西晋王朝的，他们错误地认为，曹魏的宗室诸王有名无实，因而曹魏政权才很快灭亡。因此，早在司马昭当政时，就曾命令裴秀等制定五等分封制。晋武帝时，刘颂就曾上表主张推行分封制，"裂土分封，以王同姓，使亲疏远近，不错其宜，然后可以永安"。陆机也作《五等论》，认为分封可以成磐石之固。这样，司马炎于泰始元年（265）就着手实行分封。

在这次大肆分封中，共封了27个王，均以郡为国，邑2万户为大国，置上中下三军，兵5000人；邑万户为次国，置上军下军，兵3000人；邑5000户为小国，置一军，兵1500人。而且还使宗王参政，预闻军国大事。如以安平王司马孚（司马炎叔祖）为太宰，义阳王司马望（司马炎堂伯父）为太尉，参与重要国事决策。

到太康十年（289），司马炎已进入其生命历程的最后时期，他开始对现实宗王分封与参政的问题进行思考。他既幻想通过宗王分封、参政以及出镇，加强皇室的地位与力量，成磐石之固，屏藩皇室；又对宗王之间的明争暗斗，深怀忧思。鉴于此，他一方面对现有宗王封国进行调整，如改封南阳王司马柬为秦王，始平王司马玮为楚王，濮阳王司马允为淮南王等；另一方面，他又规定此后"非皇子不得为王"①，同时封皇子司马乂为长沙王、司马颖为成都王、司马晏为吴王、司马炽为豫章王、司马演为代王。

从上述晋武帝的临终安排来看，他已有意削弱封国的发展。但他缺乏政治远见，在削弱诸王势力上犹豫彷徨，晚年又大封诸子，仍然幻想在分封制上做文章，临终又所托非人，诸王之乱，在所难免。

与宗王分封、参政比较起来，对西晋政治影响更大、同"八王之乱"联系更密切的是宗王出镇。宗王以各种将军、都督军事或监军事的名号出镇地方，建立军府，握有极大权力。据《晋书》诸王本传，出镇的宗王情况，可排列如下：

琅邪王伷，魏时任右将军、监兖州诸军事。入晋，迁镇东大将军、假节、都督徐州诸军事，镇下邳（今江苏邳州市南）。

燕王机，任镇东将军、假节、青州都督。

扶风王骏，任镇西大将军，使持节，都督雍、凉等州诸军事，镇关中。

梁王肜，太康中，监豫州军事、加平东将军，镇许昌。元康初，转征西将军、都督关中军事。

①《晋书》卷24《职官志》。

竟陵王楙，齐王冏执政时，任平东将军、都督徐州诸军事，镇下邳。

汝南王亮，曾任镇西将军，持节，都督关中雍、凉诸军事。咸宁三年（277），任镇南大将军、都督豫州诸军事。

楚王玮，太康末由始平徙封于楚，以镇南将军都督荆州诸军事。

赵王伦，咸宁中，改封于赵，以平北将军督邺城（今河北临漳西南）。元康初，迁征西将军，镇关中。

齐王冏，元康末，以平东将军、假节，镇许昌（今河南许昌东）。

成都王颖，惠帝即位后，以镇北大将军，镇邺。

河间王颙，元康初，为北中郎将，监邺城；元康九年（299），为平西将军，镇关中。

东海王越，惠帝末，以司空领徐州都督。怀帝即位，出镇许昌。永嘉初，领兖州牧，督兖、豫、司、冀、幽、并六州。

淮南王允，太康十年（289），徙封淮南，以镇东大将军、持节，都督扬、江二州诸军事。

……

以上先后出镇的宗王，有的终生出镇地方，有的出镇若干年后又由地方军镇再转任中央政府、军事机构。这些宗王出镇的地区几乎遍布全国，而以豫州和关中为重点。豫州为京师拱卫区；关中自西晋统一后，一直是民族矛盾和阶级矛盾比较集中的地区。二者都是西晋重兵集结之地，在战略上和国家地位中都非常重要。

出镇的宗王有各种级别，分别享受不同的军事统率权和指挥权。一、出镇将军名号前冠以东、西、南、北，又在东、西、南、北之上，冠以征、镇、安、平四称谓，以示级别。例如征东将军大于镇东将军，镇东将军高于安东将军，安东将军高于平东将军。二、统率州镇的权责分使持节、持节、假节。"使持节为上，持节次之，假节为下。"三、出镇者分为都督诸军事、监诸军事、督诸军事。"都督诸军为上，监诸军次之，督诸军为下。"①

当然，我们仅从军事统率权与指挥权这个环节来说，宗王出镇制度并不足以造成对中央政权的威胁。因为持节的都督或监军、督军在一般情况下，要采取军事行动，调兵遣将，需要得到中央的同意才能进行。但宗王出镇所造成的尾大不掉的态势，却为地方反叛中央提供了可能。一般来说，出镇的宗王只有跟参与权力中枢的宗王相互勾结，当中央政权的正常运行机制被打乱、权力中枢出现震荡、移位、变动时，宗王出镇制度才可能变为搅乱统治秩序、制造战乱的因素。而司马炎死后，杨骏专权、贾南风辅佐白痴皇帝的局面，恰恰为出镇宗王起兵反叛提供了契机。

因此，"八王之乱"乃至西晋政局长期出现的动荡不安，从整体上看，它是西晋宗王参政、分封、出镇等一系列弊端所引起的必然结果。

---

① 《晋书》卷24《职官志》。

二、太子"蠢钝如猪"

中国自国家形成伊始，就实行"家天下"的一姓统治，王位继承问题一直关系到王朝的兴盛衰亡。周初，为避免因王位继承而引起的王室纷争，制定了以宗法血缘为基础的立嫡立长制，即嫡长子继承制。这一制度有以下两项基本原则：一是"立嫡以长不以贤"；二是"立子以贵不以长"。由于"立嫡立长"制确保了君统的传承，最大限度地减少了王室内部的血腥争斗，故为后世所取法。此制虽能保证王位的代代承传，却先在性地框定了皇太子的选择对象，而皇太子的名分一旦确立，则轻易不可废立。正因为如此，在中国历史上也演出了一幕幕因废立太子而引起的王朝悲剧，西晋的"八王之乱"就是其中的一幕。

晋武帝司马炎共有 26 个儿子：杨皇后生毗陵悼王司马轨（2 岁夭亡）、惠帝司马衷、秦献王司马柬；审美人生城阳怀王司马景、楚隐王司马玮、长沙厉王司马乂；徐才人生城阳殇王司马宪；匮才人生东海冲王司马祗；赵才人生始平哀王司马裕；赵美人生代哀王司马演；李夫人生淮南忠壮王司马允、吴孝王司马晏；严保林生新都怀王司马该；陈美人生清河康王司马遐；诸姬生汝阴哀王司马谟；程才人生成都王司马颖；王才人生孝怀帝司马炽；杨悼后生渤海殇王司马恢。其余 8 子不知为谁所生，而且均早夭。

在这 26 位皇子中，司马轨死后，司马衷最年长，且为司马炎正妻皇后杨艳所生，故于泰始三年（267）春正月司马衷被立为皇太子，当时年仅 9 岁。

司马衷 13 岁时，晋武帝在开国功臣贾充的精心策划下，又为司马衷娶了一位心狠手辣的太子妃贾南风。

泰始七年（271），西晋边地的氐羌人反叛，武帝深感忧虑，认为秦（治今甘肃天水）、凉（治今甘肃武威）二州用兵不利，连年失败，长此以往，会危及中原的安全，迫切需要派一得力主帅前往"内抚夷夏，外镇丑逆"。于是侍中任恺就竭力推荐侍中、守尚书令、车骑将军贾充前去督镇关中，这个建议得到武帝的赞同。这下可急坏了贾充，他深知如果自己远离京城，无形中等于被剥夺了现在炙手可热的职权，因此心里恨得咬牙切齿，却又一时想不出逃避这趟苦差的好办法。

中书监荀勖与贾充有私交，就向贾充献上一计，他说："贾公你是堂堂一国的辅佐大臣，怎么能受制于一区区小辈呢？不过这次出征，的确不容易推辞。我倒有个办法：当今太子的婚姻大事还没定下来，不如把你的女儿嫁给太子，这么一来，你想走也走不成了。"贾充一听，连声称是，于是两人就精心策划起来。

最初，武帝本打算娶卫瓘的女儿当太子妃，只是还没有最后拿定主意。于是，贾充的妻子郭槐，就用大批金银财宝，贿赂皇后杨艳的左右侍从，让他

（她）们劝杨艳在武帝面前说好话，让太子娶贾充的女儿。荀勖也在武帝面前极力吹嘘贾充的女儿如何有才有德，是太子婚配的最佳人选。武帝说："卫家女子有贤惠的传统，并且卫家人丁兴旺，卫家女子定能生养，卫氏长得修长白皙漂亮；而贾家女子传统就好忌妒，贾家人丁不旺，贾氏长得又黑又矮，难看得很。"但武帝经不住杨艳、荀勖、太子太傅荀颙等人的一再劝说，又想起贾充在自己立太子时曾有恩于自己，终于同意为太子迎娶贾家的女儿。

原来，司马昭当年特别喜爱次子司马攸，常常用手抚摸着自己的座位，叫着司马攸的小名，说："桃符，将来这就是你坐的地方啊。"并几次想废长子司马炎的太子之位，改立司马攸为太子，后在贾充的劝谏下才打消了这个念头。司马昭临终前曾郑重地对司马炎说："真正了解你的人是贾公闾（贾充字公闾）啊。"

如今，武帝在选立太子妃时，贾充的这段旧恩起了关键性作用。确立太子妃时，本来准备娶的是贾南风的妹妹、12岁的贾午，可贾午还没发育成熟，又瘦又小，衣服还穿不起来呢。而贾南风已年满16岁，尽管长得黑些，但已发育成熟，于是改娶了贾南风。

司马衷才智低下，宫女们背后都说他"蠢钝如猪"。有一天他在御花园中玩，听到蛤蟆叫，就问身边侍从："此鸣者是为官，还是为私？"左右答道："在官地鸣为官，在私地鸣为私。"当时天下荒乱，百姓多饿死，他又问左右："为何不吃肉糜？"这些举动自然会传到宫外，所以无论官府或民间，都知道司马衷是个白痴，将来无法掌管朝政。那么，晋武帝又为何知而未废呢？除了传统的立嫡立长观念，恐怕以下两个因素也起了很大作用。

一是司马衷生了一个好儿子。当年，司马衷纳妃之前，武帝考虑到儿子年龄还小，不懂得房中之事，于是把自己的才人（嫔妃品级名）谢玖赏赐给他，让谢玖前往东宫服侍儿子寝卧。司马衷年龄小，又生性愚蠢，或许还不懂男女床笫之事，可谢玖早已谙熟此道。于是，二人这么一来二去，谢玖竟怀了身孕，生下皇孙司马遹。

司马遹长到5岁那年，有一次，皇宫失火，晋武帝上楼观察火势。司马遹在一旁拉住爷爷的衣襟来到暗处，说："半夜时分，突然发生事变，应该特别戒备才对，火光那么强，不应该让它照到陛下。"武帝对孙儿的智慧甚为惊奇，曾经对文武官员称赞这位皇孙，说他很像自己的祖父司马懿。武帝也知道他那个当太子的儿子司马衷天生愚笨，可皇孙却如此聪明，遂把希望寄托于第三代，因而始终没有改换太子的意思。遗憾的是晋武帝的这个愿望并没能实现，在他死后不久，司马遹就被贾南风迫害致死。

二是得到贾南风的救助。泰始八年（272）二月，贾南风被册封为太子妃。当时，对贾南风来说，前景并不十分乐观，因为武帝之弟司马攸一直威胁着太子司马衷的安全。当年，司马昭虽然没有废太子司马炎而立司马攸，但对司马攸一直非常钟爱，因此临死前向司马炎讲述了西汉淮南王刘长跟曹魏陈思王曹植的故事，忍不住哭泣哽咽，并拉着司马攸的手，把手交给太子司马炎。其意就是怕自己死后，司马炎容不下这个弟弟而发生兄弟相煎的事。两兄弟的母亲王元姬临死时，也流着眼泪对司马炎说："桃符性情急躁，而你这个哥哥又不仁慈，我死之后，深怕你不能容他，你可千万不要忘记我的话。"

但对司马炎来说，政治就是政治，不能掺杂任何兄弟亲情。

如今，司马攸已经成年，性格变得温和平允，亲贤好施，才能出众，深得朝廷内外的拥戴。而那些平时对武帝谄谀之臣非常担心武帝死后，司马攸若是真的继承帝位，就会祸及自身，像中书监荀勖、侍中冯紞之流就常在武帝耳边吹风，说司马攸的存在会威胁太子的安全。

大臣中也有一些忠正之臣，直接或间接地向武帝提出过废太子司马衷，改立齐王司马攸的建议。如尚书令卫瓘多次想提出废太子的主张，但一直未敢出口。有一次，武帝在陵云台大宴群臣，卫瓘借着醉意，跪在皇帝座前说："臣下想跟皇上说件事。"武帝问："卫公想说什么？"卫瓘吞吞吐吐，几次欲言又止，最后一面用手抚摸着皇帝的坐床，一面痛心地说："唉，这座位可惜了呀，可惜了！"武帝立刻领悟了卫瓘的意思，忙把话岔开，说："爱卿真是醉了。"卫瓘这才知道皇上决心已定，从此不再提起这件事。但这事后来被贾南风知道了，她由此恨透了卫瓘。

尚书张华深受武帝信任，名重一时。有一次，武帝问张华："如果我死了，谁可以托付后事？"张华深知太子无能，没有能力执掌朝政，就直言不讳地回答："要说英明贤德，又属于陛下至亲的人，没有谁比齐王（司马攸）更合适了。"这话使武帝很不痛快，不久，张华就被调去镇守边关了。

侍中和峤也对武帝说过太子难以胜任国事之类的话，武帝尽管不愿承认太子蠢笨，不愿让皇位落入弟弟之手，但群臣的一再劝谏也使他有些难堪。他想检验一下太子办事的能力，看他是否真的蠢到难以托付国事的程度。

一天，武帝设宴招待太子官中的大小官吏，然后密封起一件急需处理的公文，派人送给太子，让太子立刻写好处理意见，再交由信使送回来。信送到太子手里，太子傻了眼，这可把一旁的贾南风急坏了，她深知这件事关系重大，弄不好自己做皇后的美梦就会化为泡影。于是，她马上从官外请人来替太子作答，来人倒十分尽心，答诏中引经据典，说古论今。内侍张泓提醒贾南风说："皇上清楚太子没什么才学，如果答诏旁征博引，反而会让皇上看出破绽，一旦追查起来，就不好办了。依臣之见，不如把意思直接写出来。"贾南风恍然大悟，说："你就替我认真写出来，以后我一定报答你的忠心。"于是张泓便遣词造句，拟出答诏，又让太子抄了一遍，给武帝送去。

武帝看了答诏，非常高兴，当众先送给太子少傅卫瓘看，卫瓘显得十分狼狈。贾充在一旁看出卫瓘一定在背后说过诋毁太子的话，就写信密告贾南风："卫瓘那个老不死的奴才，差一点儿坏了你的好事！"

三、南风猎猎吹黄沙

司马衷的太子地位虽然没有动摇，但危险依然存在。贾南风深知，司马攸一天不死，太子的地位就永远潜藏着威胁，因此，她决心一定找机会置司马攸于死地。正巧，机会来了。

太康三年（282），武帝一度患重病，废太子之议再起。不久，武帝病愈，侍中冯统挑拨说："陛下这次要有个好歹，太子非被废掉不可。齐王（司马攸）为百姓所归，公卿所仰，久在朝内，终究是个隐患，不如让他返国。"杨珧（司马炎第二任皇后杨芷之父杨骏之弟）也主张把司马攸赶出都城。武帝从私欲出发，接受冯统等人的意见，下诏令齐王出督青州。

此诏一出，立即遭到拥戴司马攸的文武群臣的反对。征东大将军王浑上书，恳求留司马攸在京师与汝南王亮、卫将军杨珧共同辅政。接着，扶风王司马骏，光禄大夫李憙，中护军羊琇（司马师正室羊徽瑜的堂弟），侍中王济、甄德都恳切劝阻，司马炎根本不理睬。王济、甄德还把各自的老婆常山公主（司马炎的女儿）、长广公主（司马炎的女儿）打发进宫，为司马攸磕头流泪说情。武帝大怒道："你们搬来女人向我哭闹，像什么样子！"马上下令将王济、甄德贬职。

次年正月，武帝强令齐王离京，司马攸上书乞留京郊为母亲（王元姬，也是司马炎的母亲）守陵，武帝不允。司马攸激愤交加，一病不起。武帝看在亲情的分儿上，派御医前去诊病。

贾南风在此之前，已跟御医搞到一起，如今闻知此事，遂秘密送给御医很多珠宝，让他按计行事。御医迎合贾南风的旨意，回报武帝，说司马攸根本没病。武帝大怒，强令司马攸马上动身。没过几天，司马攸便大口吐血而死。武帝假惺惺地前去祭悼，司马攸的儿子司马冏痛哭哀号，控诉父亲病重时，御医诬称无病，以致延误治疗。武帝深知，司马攸之死，自己有无法推卸的责任，正不知如何挽回这个脸面，遂拿御医当替罪羊，下诏诛杀了御医。可怜御医跟贾南风风流一时，恐怕不会想到竟成为宫廷斗争的牺牲品。

太熙元年（290）四月，武帝病逝。太子司马衷即位，是为晋惠帝，立贾南风为皇后。同年八月，立司马遹为皇太子。

贾南风残酷暴戾，嫉妒心重，又颇有权术，无能的晋惠帝很怕她，对她言听计从。据说贾南风为太子妃时，就曾亲手砍杀过几个人。她见到宫中哪个女子怀孕了，就拿起铁戟去捅孕妇的肚皮，致使胎儿随着母亲的哀号和血崩坠地而死。当时武帝听说后，非常恼怒，就想废掉她太子妃的身份，迁出东宫。荀勖、冯𬘓、杨珧等劝说武帝："贾南风年纪还小，嫉妒是女人的天性，等年龄大一点儿就会好的。"最后武帝看在贾充的面子上，才没再深究。

如今司马遹被立为皇太子，贾南风又嫉又恨，想方设法要除掉太子。但她只生了 4 个女儿，没有儿子。怎么办呢？

起初，她想了个瞒天过海、偷梁换柱的办法。先诈称自己有了身孕，并在衣服里塞上一些蒿草装样子，然后把妹夫韩寿的儿子抱去，取名慰祖，并对外声称是自己在为武帝服丧期间生的，所以没有张扬。她准备废掉太子司马遹，用这个所谓自己生的儿子取而代之。当时洛阳城中有童谣唱道："南风起兮吹白沙，遥望鲁国郁嵯峨，千岁骷髅生齿牙。"或曰："南风烈烈吹黄沙，遥望鲁国郁嵯峨，前至三月灭汝家。"贾后名"南风"，其父贾充封"鲁郡公"，太子遹小名"沙门"。可见，贾后废太子之心早已路人皆知。

太子遹性情刚烈，对贾南风亲信们的憎恶之情常常溢于言表。亲信们便不断把这些情况添油加醋地向贾南风汇报，说太子在背后扬言将来要狠狠收拾贾家啦，又说太子企图废贾后啦，等等。这更使贾南风下定决心除掉太子。她先是到处宣扬太子如何狂妄傲慢，如何不学无术，为废太子制造舆论，然后就制造了一起事端。

元康九年（299）十二月的一天傍晚，贾南风派人捎口信，说皇上要召见太子。次日清晨，司马遹入朝，被引进一间空房坐候。不一会，贾南风派侍女陈舞端来三升酒、一大盘枣，声称是皇上恩赐的。司马遹对陈舞说："皇上赐的酒，我不敢推辞，可让我喝一天也喝不下三升啊！"陈舞传话说："不孝啊！皇上赐的酒都不肯喝，是不是怕里面有什么不洁之物呀？"司马遹被逼得没办法，只好把酒全喝下去，结果，真的喝得酩酊大醉。

贾南风早就让黄门侍郎潘岳模拟太子平日的口气，写了一篇祷告文字，趁太子神志不清，让陈舞拿给太子，说："皇上命你把这段文章抄一遍。"太子迷迷糊糊地拿起纸笔抄写下来："陛下应该自己了结生命，否则，我将入宫了结；皇后也应自裁，否则，我将亲手了结。已与谢夫人约定日期，共同发难。不要犹豫不决，以免招来后患，上苍已准许扫除祸害，届时，立我儿道文为王，立蒋美人为皇后。此愿实现后，我将用三牲祭祀北君（北帝神祇），大赦天下。"司马遹醉得厉害，字迹抄得歪斜潦草，一半不成字形，贾南风把它修补，之后，呈送惠帝过目。

惠帝阅后大怒，立刻在式乾殿召见群臣，拿给众人过目，说："太子竟然写这样大逆不道的东西，我要赐他一死。"张华和尚书左仆射裴颜竭力为太子开脱，最后惠帝诏准：将太子、太子妃王氏及太子的三个儿子幽禁于金墉城（洛阳城西北角离宫）；谢玖被拷问致死。

四、"八王之乱"的爆发

"八王之乱"首先是从贾南风干政开始的。

永熙元年（290），晋武帝临死前，遗诏由汝南王司马亮（武帝叔父）和皇后杨芷的父亲杨骏共同辅佐司马衷。

杨骏字文长，弘农华阴（今陕西华阴东）人，是武帝正室杨艳的叔父。最初，司马炎在考虑是否废太子的问题时，曾秘密探询过皇后杨艳的意见，杨艳说："按传统的宗法礼教，只传位给嫡长子，不管他是贤是愚，怎么可以改变！"当时，杨艳重病在身，而贵嫔胡芬（镇军大将军胡奋之女）正受武帝宠爱。杨艳唯恐司马炎擢升胡芬为皇后，将来对太子司马衷不利，于是趁司马炎前来探病时，就枕着司马炎的腿，哭泣说："我叔父杨骏，有个女儿杨芷，有才有德，美丽非凡，请皇上娶她。"司马炎很是感伤，就流着眼泪一口答应下来。

咸宁二年（276），武帝娶杨芷为皇后，同时，提升镇军将军杨骏为车骑将军，封临晋侯，杨骏从此变得扬扬得意，不可一世。

晋武帝征服东吴以后，整天沉迷于欢宴游乐，对国家大事越来越感到厌倦。杨骏及其弟杨珧、杨济便利用武帝的懈怠，乘机干预朝权，内外勾结，互相请托，威势大盛，时人谓之"三杨"。

永熙元年（290），武帝病重。此时，一些开国功臣大多故去，只有杨骏单独在寝殿照顾汤药，于是，他就依照自己的心意，改换亲近侍从，安置心腹。稍后，武帝一度病情转轻，他看到身边一个个新面孔，严肃地质问杨骏："你这么做，居心何在？"遂吩咐中书起草诏书，任命司马亮和杨骏共同辅政。杨骏想在武帝死后，由他自己把持朝权，于是前往中书省借阅遗诏，趁人不备把诏书藏到口袋里告辞。中书监华廙（华歆之孙）发现后，吓出一身冷汗，亲自找杨骏索取，杨骏支吾搪塞，不肯交还。恰在这时，晋武帝又陷昏迷，皇后杨芷请求由杨骏辅政，武帝这时已说不出话来，只是点点头。

同年四月，皇后杨芷召见中书监华廙和中书令何劭，向他们传达了晋武帝的旨意，让他们起草诏书：任命杨骏为太尉、太子太傅、都督中外诸军事，总揽朝权。然后，杨芷又当着华廙、何劭的面，把诏书拿给武帝过目，武帝只是呆呆地看着，说不出一个字来。

不久，晋武帝在含章殿逝世（时年55岁）。当天，司马衷登极，尊杨皇后为皇太后，封贾南风为皇后。而朝廷大权都掌握在杨骏手中，从而引起晋宗室和贾南风的不满。

杨骏因皇后贾南风阴险凶悍，又长于权术，所以对她深为忌惮，于是任命自己的外甥段广为散骑常侍，负责处理宫廷及朝廷机密，张劭为中护军，控制京城武备。并规定：凡有诏命，惠帝批准后，还需送交皇太后杨芷过目，才能公布。贾南风想参与政事，可杨骏专权使她不能如愿。她心里明白，要想掌权必须先废了太后，铲除杨骏，于是，她就秘密派人送信给汝南王司马亮和楚王司马玮，让他们带兵入京讨伐杨骏。

永平元年（291）三月，贾南风让惠帝下密诏免去杨骏的一切职权，由东安王司马繇携诏带兵前去讨伐杨骏；司马玮领兵驻防司马门；任命淮南相刘颂为三公尚书，统兵保护皇宫。太后杨芷闻听此事，苦于无法给父亲传递消息，就在一块丝绢上写下"救太傅者有赏"几个字，用箭射到城墙外面。后来，贾南风就据此宣称太后与杨骏同谋作乱。

当时，杨骏住在曹爽的故宅，位于武库的南面。杨骏听说皇宫有变，立即召集文武官员商讨对策。太傅主簿朱振劝说："皇宫突然采取军事行动，矛头所指，不问可知。一定是一些宦官小人之辈，替贾皇后设计阴谋，恐怕对你不利。你最好纵火焚烧云龙门（皇宫南门），用火势威胁，要他们交出主谋。再打开万春门（皇宫东门），率领东宫（太子宫）卫士及驻防城外的警备军，拥护皇太子（司马遹）进宫，搜捕奸党。宫内震动恐惧，一定斩杀主谋，送出人头。否则，无法逃出此劫。"

杨骏胆小懦弱，不能立即决定，推托说："云龙门，是曹叡（魏明帝）建造的，富丽堂皇，花了不少工夫不少钱，怎么能烧掉它！"

正在杨骏犹豫不决之时，贾皇后调集的军队已冲杀而来，焚烧杨骏的住宅，乱箭齐发。杨骏的军队被封锁，无法出战。杨骏惊慌失措，逃到马厩里躲藏，被发现后，当场被刺死。杨骏一死，形势急转直下，杨骏的亲党杨珧、杨济以及张劭、李斌、刘豫等全被夷灭三族，一夜之间，被杀戮者达数千人。

杨骏的夫人庞氏因是太后的母亲，惠帝下诏免死，准许她到永宁宫跟太后住在一起。但贾南风衔恨至深，不久就指使执法官吏上奏皇帝："皇太后暗中参与了杨骏的谋乱，企图颠覆社稷，并用飞箭传送消息，招募将士，证明她与首恶同谋，自绝于国家。陛下虽然能宽宥她，但我们做臣下的不敢执行诏命。望陛下召集诸位王公商议此事。"在贾后的授意下，群臣一再奏请将太后贬为庶人，最终促使惠帝准奏。

接着，贾后又授意官吏上奏："杨骏犯上作乱，理当诛杀满门，陛下诏令保全其妻庞氏的性命，是为了安慰太后。如今太后已是庶人，庞氏作为庶人之母，不应再受庇护，应交廷尉正法。"惠帝本来不想杀庞氏，但有关官吏为迎合贾南风，一再奏请，最后惠帝也就批准了。

庞氏临刑前，杨芷抱着母亲厉声哭叫，还剪掉自己的头发，跪在地上连连磕头，上书给贾南风，自称"妾"，恳求饶母亲一命。但贾南风根本不予理睬，遂斩庞氏。贾南风又把服侍杨芷的侍从全部撤走，"太后"最后绝食而死。贾南风迷信巫术，害怕太后到阴间向先帝诉说冤情，因此下葬太后时，让尸体脸朝下，并往尸体上放了许多据说能制止其开口的咒符和药物。

杨骏伏诛后，由汝南王司马亮与卫瓘共同辅佐朝政。司马亮是惠帝的叔祖父，辈分高，资格老；卫瓘直言敢谏，性情刚直，又与贾南风结有旧怨。由这两个人辅政，使贾南风不敢轻举妄动。但贾南风怎么能看着自己垂涎已久的权柄由他人执掌呢？于是她又设下一个阴险毒辣的圈套，要借司马玮之手除掉司马亮和卫瓘。

司马玮是惠帝的弟弟，当时年仅21岁，年轻气盛，刚愎凶暴，手握兵权，喜爱诛杀，但头脑简单，缺少谋略。司马亮和卫瓘都觉得他的性格不适合被委以重任，打算解除他的兵权。司马亮曾向惠帝提议，应诏令在京的诸位王公都返回各自的封国，以分散他们的势力。对此，卫瓘也极力赞同。司马玮知道后，对他们二人极为不满。贾南风不失时机地利用了三人之间的矛盾，设下一个借刀杀人的圈套。

永平元年（291）六月，贾南风让惠帝传密诏给司马玮，说太宰司马亮和太保卫瓘谋反，令司马玮传旨给淮南王（司马允）、长沙王（司马乂）、成都王（司马颖），率兵屯驻各宫门，并派兵前去废掉二位大臣。司马玮接旨后原本有意再次上奏，以验证此事，但传诏者说："那样做可能使消息走露，岂不违背了皇上下密诏的用心吗？"司马玮生性粗率，加上急于报私怨，此诏正中下怀。于是连夜宣称奉皇诏，召集各路军队，并传手令说："司马亮和卫瓘图谋不轨，想废陛下，绝我先帝之大统。现在我奉陛下之命，免去他们二人的官职。陛下还命我都督内外诸军。我命令：宫内的卫队要严加戒备，宫外的军队随我前去二人府第，讨伐逆贼。望诸位将士尽忠效力，事后当论功行赏。"

军队很快包围了司马亮的府第，司马亮认为自己一片忠心，指日可表，就未加任何抵抗，束手就擒。当时，天气炎热，士兵让他坐在囚车下面，人们都很可怜他，就一齐用扇子为他遮阴，快中午了，也没人敢动手加害这位皇族大臣。司马玮下令："谁先斩司马亮，赏布一千匹。"重赏一出，士兵们利刃齐下，司马亮的头发和五官被砍得一塌糊涂。

卫瓘接到免官的诏令，立即交出自己的官印绶带，跟司马亮一样，尽管身边有军队可以自卫，但未加任何抵抗。由于前去的军队中有人与卫瓘有私怨，遂借机报复，大开杀戒，卫瓘及子孙9人被害。

这一场血腥屠杀的消息传到宫廷内外，人心惶惶，群臣惊恐，不知发生了什么事。如何收拾残局，谁来承担责任？另一个无情的阴谋正在加紧进行。事件发生后，贾南风躲到一边，袖手旁观，司马玮自然成了替罪羊。太子少傅张华说："肯定是司马玮诈称诏令自作主张杀了二位公卿，将士们不明真相，认为是皇上的旨意，就轻信了他的谎言。如今天下权威将要落入他手，人主怎么能够平安？最好趁他的权力还没有稳固，指控他擅自杀戮，把他除掉。"此议正中贾南风下怀，于是派殿中将军王宫手举标志解散军队的旗帜，向士兵宣称："楚王假传圣旨，大家不要受他欺骗。"将士们一听这话，纷纷扔下兵器，一哄而散。霎时间，司马玮身边一个人也没有了，他还莫名其妙，弄不清发生了什么事情。

贾南风又出主意让惠帝下诏，以假传圣旨罪，将司马玮交付廷尉斩首。司马玮临刑之前，从怀中取出惠帝亲笔写的青纸诏书，痛哭流涕地拿给监刑官看，语不成声地说："我的确是奉诏行事啊，本是为着匡扶社稷，谁知现在倒成了罪名。我的生命是先帝所赐，如今不明不白蒙冤而死，请你们有朝一日可要替我昭雪啊！"监刑官听到这儿，不禁痛哭失声，不忍抬头看他。

至此，贾南风在逐一消灭异己的过程中，逐渐控制了朝政大权，"专制天下，威服内外"。贾后专权维持了七八年时间，在此期间，贾后除依靠亲党外，又与其妹贾午之子贾谧商量，认为张华出身平民，没有违抗上意的力量，而且温文儒雅，富有谋略，朝臣对他都十分敬佩，于是任命张华为侍中、中书监，与侍中裴颜共掌机要。数年之间，虽然皇帝昏庸，但朝廷和民间都能相安无事，可说是"八王之乱"中的"小康"。但是，好景不长，由于贾南风的荒淫暴虐，更大规模的战乱正在酝酿之中。

贾南风剪除政敌后，荒淫放荡的品性遂充分暴露出来。由于惠帝智能低下，在情趣上根本满足不了贾南风的欲求，所以贾南风便在宫里宫外寻找健壮的男子来满足她的淫欲。起初，她还不敢过于放肆，只能偷偷摸摸地进行，可在偌大皇宫里，除了惠帝很难见到一个正常男子。于是她就以诊病为借口，跟太医令程据等人私通，搞得宫里宫外闲言碎语满天飞。待她独揽朝政后，遂明目张胆地宣淫。一时间，首都洛阳附近，年轻美貌的男子一个接一个不断失踪，搞得洛阳城负责捉拿盗贼的军尉焦头烂额，也查不出任何线索。军尉手下有一名小衙役本来囊中空空，也失踪了十几天，可回来时却变得衣裳华丽，出手阔绰。大家议论纷纷，都怀疑他偷了谁家的东西。正巧，贾南风的一位远亲家里被盗，向军尉报案。军尉就把这个小衙役抓起来，当众审问。

小衙役说："有一天，我在路上遇见了一位老妇人，她说她女儿生了重病，那是一种鬼神附体的邪病。巫师占卜说，必须找个家住城南的小伙子去镇邪驱妖，病才能好，因此请我走一趟，还说事后定有重谢。我就跟她上了一辆密封的车，她让我进入一个大竹箱里。走了十几里路，过了六七道门槛，才把竹箱打开。举目一瞧，亭台楼阁，金碧辉煌。接着让我用香喷喷的热水沐浴一番，换上最华贵的衣服，享用一顿美味佳肴。到了晚上，我见到一位女子，有三十五六岁的样子，身材不高，皮肤黑乎乎的，眉毛下面长有一块小疤。我被留了几夜，与这个女子同床共枕，嘿，别看她相貌平平，做起那事来还竟搞新花样。我穿的这些贵重衣服就是她送的……"

贾南风的亲戚听了，知道这女子就是贾后，羞愧难当，讪讪地笑着溜走了。军尉也明白了是怎么回事，知道近来一连串的失踪奇案怕是永远也破不了。当时有许多男子被带进皇宫去供贾南风淫乱，事后都被杀掉了。只有这个小衙役，因为特别得到贾南风的欢心，才能活着出来。也正因为如此，才使这段宫廷秘闻泄露民间。

再说，太子司马遹被贾南风设计废黜之后，朝野上下纷纷怨恨不平，对此，贾南风时有耳闻，被迁于许昌（今河南许昌东）幽禁的太子遂成为贾南风的一块心病。

有几个为太子遭遇抱不平的大臣，曾想与张华和裴頠共图废贾后、迎太子之计，但二人慑于贾后的淫威和胜负难测，不肯参与此事。于是，这些人转而把希望寄托在司马亮的弟弟、赵王司马伦的身上。司马伦平时因对贾南风极力奉迎而深受信任，领右军将军，手握重兵，野心勃勃，生性贪得无厌。这些人就前去游说他说："贾后这女人过于凶悍跋扈，她废黜太子，使得国无嫡嗣，国家势如危卵，朝野上下愤愤难平，一场推翻贾氏的兵变势在难免。而殿下平日跟贾后过从甚密，人们私下传言殿下也曾参与废太子之谋。万一事急有变，殿下是很难脱净干系的。殿下为什么不率先起事，以洗刷自己呢？"

司马伦认为他们说得有道理，准备依言而行，但他的谋士孙秀却说："太子（司马遹）聪明而性情刚烈，如果迎回东宫，恐怕不会接受别人的控制。他早就把我们看成了贾后的私党，现在，我们即便为他复位出尽死力，他也不会感恩戴德，反而会认为我们迫于形势，翻云覆雨，只不过是为自己脱祸罢了。依臣之见，我们不如按兵不动，让贾后先下手害死太子，我们再以此为借口，废黜贾后。这样既为社稷立了大功，又能免于后患，岂不是一举两得？"

司马伦完全同意。孙秀遂用反间计，派人四处散布谣言，说有人准备废贾后，迎太子复位。贾南风正为太子这心头之患深感不安，经常派侍女们改穿便衣出宫探听消息。侍女们回来向贾南风报告了孙秀等人制造的谣言，贾南风听了十分恐惧，为了断绝人们拥立太子复位的念头，以除后患，遂下决心杀害太子。

永康元年（300）三月，贾南风让太医令程据配制毒药，以皇帝的名义，派侍从宦官孙虑前往许昌伺机毒杀太子。但太子自从被囚禁以后，就提防别人加害自己，常在床前自己煮饭。看守的人苦于无法下手，就把太子转移到一个小院，断绝饮食，希望把他活活饿死，但宫女们仍在暗中从墙上给太子传递饭菜。孙虑无奈，就在太子如厕时，趁其不备，用捣药的铁杵朝太子劈头盖脸猛击下去，把太子活活地打死了。太子临死时，大声惨叫，声音传到宫外，令人不忍卒听。

司马伦遂以此为借口，联合自己的兄弟、梁王司马肜和司马攸的儿子、齐王司马冏等人，约定时间，共同发难。四月三日夜，司马伦诈称奉皇诏，命令皇宫三部司马："皇后与贾谧等谋杀太子，现在你们立即入宫废黜皇后，敢不从命者，夷灭三族。"众将士唯命是从。司马伦又假传圣旨，打开宫门，在夜色掩护下率兵冲入后宫。司马冏首先带兵把惠帝迎至东堂，下诏召见贾谧，贾谧来到殿前，发现事情有变，狂奔到西厢之下，哀叫："姨母，救我！"武士追上去，一刀砍下人头。

贾南风见司马冏率兵闯入寝宫，大吃一惊，强作镇定地问：

"你来这里有何贵干？"

司马冏冷冷地回答：

"奉诏前来拘禁你。"

贾南风心知大势不好，仍不死心，争辩道：

"只有我才可以下诏书，你哪里来的诏书？"

司马冏懒得多费口舌，带着她向外就走，来到皇上门口时，贾南风大声喊叫起来：

"陛下！允许别人废掉你的妻子，就等于废掉你自己啊！"

哭闹一阵，见不起作用，她又扭头问司马冏："领头闹事的是谁？"

司马冏答道："梁王和赵王。"

贾南风追悔莫及地叹道："拴狗当拴脖子，我错拴了它的尾巴，能不让它咬吗？"

贾南风就这样被废为平民，押解至金墉城拘禁。不久，司马伦又假传圣旨，派人携带金屑酒至金墉城将贾南风毒死。

五、宗王混战、谋镇建邺

赵王司马伦既杀贾南风，次年又玩弄禅让的伎俩，从惠帝那里夺得皇位。论皇族血缘的亲疏（司马伦是司马懿的庶子），论风度威望，甚至相貌（司马伦不知书，才能庸下，且眼上有瘤视力不佳），司马伦都不具备取代惠帝的任何资本。因此，他的称帝引起各地宗王的大哗，各地宗王遂纷纷起兵反抗。"八王之乱"始由宫廷政变转化为宗王争夺政权的大混战。

王导在"八王之乱"的后期，预见到西晋王朝行将灭亡，更大的灾难性战乱马上要在中原地区爆发，只有南下或许能幸免罹难，于是建议司马睿谋镇建邺①，由此引出东晋王朝的建立。

话说司马伦杀了贾南风，自封为相国，都督中外诸军事，控制朝权。司马伦和他的儿子们都顽劣愚昧，毫无经世治国的见识和才能。唯一的智囊孙秀，

———————————

① 六朝时，南京原称建邺，后避晋愍帝司马邺名讳，改称建康。

狡猾多端，贪财淫乱。其他亲信更是一群奸佞小人，只知道追求眼前的荣华富贵，没有深谋远虑。司马伦就是在这些人的策谋下，登上了皇帝的宝座。

永宁元年（301）正月，司马伦和孙秀命牙门赵奉，谎称梦见司马懿传话："司马伦应早日入主皇宫。"然后又指使尚书令满奋"持节"代表惠帝把玉玺禅让给司马伦，公开演出一场"禅让"的闹剧。

司马伦称帝，引起其他宗王的强烈反对。镇守许昌的镇东大将军、齐王司马冏首先起兵，传檄天下，讨伐司马伦。司马冏的倡议，得到镇守邺城的成都王司马颖、镇守长安的河间王司马颙的响应，"三王"合兵攻讨司马伦。双方在洛阳附近激战60余日，死伤10余万人。

司马伦部将王舆当时任左卫将军，负责防卫洛阳西区，在内外压力之下，率兵冲入皇宫，斩杀孙秀等人，废黜司马伦，迎惠帝复位。不久，司马冏率兵进占洛阳，取得了辅政大权，并将司马伦处死。

司马冏执政后，骄奢放纵，沉迷于酒色，并大肆兴建府第，铲平公私建筑数百栋，使齐王府规模之大，跟皇宫相等，朝野上下，大失所望。长沙王司马乂和成都王司马颖因惠帝子孙皆已死尽，都觊觎着皇太弟之位，可司马冏想长期控制朝廷，因此擅立年仅8岁的清河王司马覃为太子，这使"二王"大为恼怒，从此便和司马冏势如水火，对立起来。

太安元年（302），本来与司马冏有矛盾的司马颙以奉密诏为名，起兵攻打洛阳，并派人邀请司马乂出兵配合。在京的司马乂立即举兵响应，猛攻司马冏的府第。双方的军队大战于京城，飞矢如雨，火光冲天。三天之后，司马冏兵败被杀，司马乂夺取了朝廷大权。

司马颙原想司马乂不会轻易战胜司马冏，想待他们两败俱伤后，再趁势进京，废惠帝，改立司马颖，自己为宰相掌握实权。司马颖也对司马乂独擅朝权深为不满。于是，司马颙和司马颖遂于太安二年（303）联兵进攻司马乂。三方军队又在洛阳附近展开血腥大战，三方共投入 30 余万大军，是"八王之乱"中动用兵力最多的一次大战。次年正月，在京的东海王司马越发动兵变，拘捕司马乂，开城投降，并勾结司马颙的部将张方将司马乂活活烧死。

永兴元年（304），司马颙上表求立司马颖为储副。司马颖遂废太子司马覃，自立为皇太弟、都督中外诸军事、丞相，居邺城遥控朝政。司马颙升任太宰、大都督，仍居长安。

司马颖本来就智慧不足，神志不清，得志之后"僭侈日甚，有无君之心"。这年七月，东海王司马越挟持惠帝出兵讨伐司马颖，并通令全国，征集军队10 余万人。双方在荡阴（今河南汤阴）展开会战，司马越大败而逃，返回封国；晋惠帝身中三箭，被俘至邺城。而司马颙乘洛阳空虚，遣部将张方攻占了都城。

当时，琅邪王司马睿以左将军从讨成都王司马颖，也被抓到邺城。在此之前，王导因朝廷内部不断发生变故，曾建议司马睿返回他的封国（今山东诸城）。正巧，司马睿的叔父、东安王司马繇被杀，他深恐灾难会降临到自己头上，于是乔装逃出洛阳。可司马颖早已下令各地关卡渡口，严禁贵族和官员通行。司马睿逃到河阳（今河南孟州）时，被守关士兵拦住，幸亏他的随从宋典从后面赶到，用鞭梢照司马睿身上轻轻一抽，笑着说："看房子的，官府查禁贵人，你什么时候也成了贵人啦？"士兵听了信以为真，这才放他通过。司马睿到了洛阳，接母亲（太妃）一同返回封国。

同年，幽州刺史王浚联合司马越的弟弟、并州刺史司马腾起兵讨伐司马颖，双方各引鲜卑人和匈奴人助战。八月，王浚攻入邺城，部众奸淫烧杀，无恶不作。司马颖挟持惠帝一路逃回洛阳。

占据洛阳的张方，手握重兵，专擅朝权，手下将士烧杀抢掠，洛阳民穷财尽，将士们满载金银财宝，急于返回乡里，开始喧哗争闹，不愿留下等死。张方遂强行劫持惠帝西迁长安，临行前，派兵用车辆去皇宫运载姬妾、美女、财宝。将士们乘机抢夺宫女作为妻妾，又抢夺皇室御用宝藏，至此，曹魏及西晋积累80余年的奇珍异宝，被劫掠一空。不久，司马颙废掉司马颖皇太弟之位，另立豫章王司马炽（惠帝之弟）为皇太弟，而由自己主政。

永兴二年（305）七月，司马越联合东方的诸宗王以迎惠帝还旧都为名，西伐司马颙。同时，起用琅邪王司马睿为平东（后迁安东）将军、监徐州诸军事，留守下邳（今江苏睢宁），为他看守后方。司马睿受命后，请王导为司马，对王导委以重任。

次年，司马越战败司马颙之后，迎惠帝东返洛阳。司马颖、司马颙先后落入司马越之手被杀死，司马越独霸了朝廷大权。至此，"八王之乱"宣告结束。而琅邪王氏也正是在这时，开始把眼光转向荆、扬二州，吹响了经营江南的序曲。

第三章 永嘉南渡

晋怀帝（司马炽）永嘉年间，中国北方战乱不休，匈奴人建立的汉国连破西晋东（洛阳）、西（长安）二京，晋朝皇室暂时丧失了在中原重建政权的能力。以王导、王敦为代表的北方大族遂拥戴琅邪王司马睿，南渡长江，与南方士族一起，共同建立了东晋政权。

一、狡兔三窟

"八王之乱"前后历时 16 年（291—306）之久，后果极为惨烈。在战乱中，兵民死伤累累，总计达 30 余万人。许多城市遭到洗劫，社会生产遭到极大破坏。战乱更直接削弱了西晋王朝的统治，促使西晋政权迅速走向灭亡。

在此国难当头之时，广大平民百姓为摆脱封建束缚少数民族贵族压迫，被迫背井离乡，踏上流亡之旅，形成规模浩大的流民潮。各种身份的士大夫或投靠强大的军事集团，以求庇护；或举族南迁，寻找新的安居之所；而一些有远见、有政治抱负的门阀大族则紧紧抓住司马氏的皇族血脉，不失时机地亮出晋王室的大旗，重新建造保全身家性命的巢穴。

琅邪王氏在"八王之乱"中，最初投靠东海王司马越，后以司马睿"奇货可居"，遂"倾心推奉"，子立无援的司马睿也急于得到有实力的门阀大族的支持，因此对王导"雅相器重，契同友执"。所以，我们分析琅邪王氏的关系，首先应从司马越与王衍的关系寻根探源。

"八王之乱"后期，惠帝子孙全部死亡，惠帝兄弟成为当时司马氏宗室中与皇帝血统最近的亲属。成都王司马颖抢得了皇位继承权，称皇太弟，居邺城遥控洛阳朝政。东海王司马越是"八王"之中最后参与混战的宗王，按血统关系说，司马越是司马懿弟东武城侯司马馗之孙、高密王司马泰之子，同武帝、惠帝血统是疏而又疏，这与司马颖居于惠帝兄弟之位不大一样。按食邑数量说，成都王本食四郡，东海王只食六县，大小轻重迥然有别。永兴元年（304）七月荡阴战役后，惠帝被劫持至邺，成都王司马颖更成为决定性的政治力量。

但是不久，惠帝、司马颖等被河间王司马颙部将张方裹胁入关。至此，惠帝兄弟辈的 25 人中，只剩下成都王颖、豫章王炽（入关后被立为皇太弟，即后来的晋怀帝）和吴王晏（后来的晋愍帝司马邺之父）。惠帝和宗室近属悉数入关，广大关东地区没有强藩控制，这是东海王司马越填补空缺、扩充势力的大好时机。东海王司马越的势力就是趁这个机会扩充起来的。

荡阴之战战败后，司马越逃回东海国，又收兵下邳，取得徐州，控制江淮。从此，徐州地区成为他的广阔后方。他部署诸弟司马腾、司马略、司马模分守重镇以为形援。然后移檄征（四征将军）、镇（军镇）、州、郡，自为盟主，统兵三万进驻萧县（今江苏境），开始西征。于光熙元年（306）把惠帝从长安夺回洛阳。接着，惠帝暴死，成都王颖、河间王颙相继被害，继立的晋怀帝（司马炽）完全在司马越的控制之中，"八王之乱"至此告终。取胜的司马越赢得了疮痍满目的山河，也独吞了"八王之乱"的全部恶果：各地流民群众不断起义，少数民族贵族入居中原。匈奴刘渊、羯人石勒威胁洛阳，这使司马越一筹莫展。

司马越并不具备皇室近属的名分，号召力有限。因此，他亟须联络关东地区的士族名士，利用他们的社会地位和实际力量来巩固自己的统治。关东地区是士族门阀比较集中的地方，他们的向背，在很大程度上影响着司马越统治的命运。但是关东士族同晋宗室王公一样，在十几年的大动乱中受到摧残。有些人鉴于政局动荡不安，尽量设法避祸自保；还有人干脆逃亡引退，如吴士张翰、顾荣辞官南归，颍川庾衮率领宗族，保聚于禹山、林虑山。司马越必须在星散的士族中找到有足够影响力的人物来扩大自己的政治影响，才能号召更多的士族名士来支持他的统治。正是在这种条件下，素有盛名的琅邪王衍被司马越看中，他们密切合作，共同经营了一个风雨飘摇的末代朝廷。

王衍的族属已见前述，其郡望邻近东海国。王衍所属的琅邪王氏的社会地位高于东海国的任何一个家族。王衍在西晋一朝始终官居高位，其女一为愍怀太子（司马遹）妃，一女嫁贾充之孙贾谧。可见他在西晋末年宫廷倾轧的斗争中，既结外戚，又结太子，两边观望，期于不败。王衍另一女为裴遐妻，裴遐是东海王司马越之妃裴氏从兄，王衍通过裴遐，又同东海王司马越拉上了关系。

司马越与王衍，是一组各有图谋的政治结合。司马越以其宗王名分和执政地位，为王衍及其家族提供官位权势；王衍则为司马越网罗名士，装点朝堂。当时团聚在王衍周围的北方名士和南方名士数量很多，他们大多崇尚玄虚，没有政治远见，在司马越的卵翼之下醉生梦死，等待着命运的安排。而王衍、王导等琅邪王氏却开始谋划南渡事宜，寻求新的立足之所。

当然，琅邪王氏部署安身立命的工作并非一开始就那么明确，而是随着时局的变化而逐渐明朗化的。

首先，在王衍、司马越的精心安排下，起用琅邪王司马睿为平东将军、监徐州诸军事，镇守下邳（今江苏邳州南），以王导为司马，由司马越、王衍在洛阳的关系，派生出司马睿和王导在徐州下邳的关系。

当时，司马睿只是一个"恭俭退让""时人未之识"①的一般宗室成员，而王导已经具有政治阅历和名望，可以把司马睿置于自己的影响之下。《晋书·王导传》称："（导）参东海王越军事。时元帝（司马睿）为琅邪王，与导素相亲善。导知天下已乱，遂倾心推奉，潜有兴复之志……会帝出镇下邳，请导为安东司马，军谋密策，知无不为。"通过这一段叙述，我们可以看出，司马睿在

————————————

① 《晋书》卷6《元帝纪》

北方的所作所为，几乎全都出自王导的主动筹谋。那么，王导在近两年的时间里，主要从事了哪些"军谋密策"呢？

据有关材料记载，王导在下邳任司马期间，最主要的"军谋密策"是通过种种关系，为司马睿争取出镇建邺。王导利用的第一层关系是司马越妃裴氏。裴妃出自河东裴氏，西晋时裴氏与王氏齐名，时人以两家人物逐个相比，以八裴方于八王。妃兄裴邵为司马睿府长史，虽不治事，然识量弘达，与王导"二人相与为深交"。种种迹象表明，王导首先通过裴邵做裴妃的工作，由裴妃为司马睿南渡向司马越求情，故《晋书·东海王越传》称："初，元帝镇建邺，裴妃之意也。"

同时，王导又与王敦等策划于密室，取得王氏成员的支持，然后报请司马越、王衍决定。当时，司马越、王衍为坚守中原，也需要在江南培植力量，使之同江淮、荆楚呼应，保障徐州的安全。因此于晋怀帝永嘉元年（307），任命琅邪王司马睿为安东将军，都督扬州江南诸军事，假节出镇建邺，从而实现了永嘉南渡。

司马睿渡江一举，开启了东晋南朝在江南立业的局面，但这不是司马越、王衍的初衷，因为王衍在这一时期还另有所图。史称王导佐司马睿南渡不久，司徒王衍为门户自全之计，向司马越建议说："中国（指中原）已乱，当赖方伯，宜得文武兼资以任之。"司马越表示同意，遂任命王衍弟王澄为荆州都督，堂弟王敦为青州刺史。王衍告诉二人说："荆州有长江、汉水的屏障，青州有大海的险阻，你们二人在外，我在朝廷（指洛阳），足以为三窟矣。"①

其实，王衍经营"三窟"，并不是消极地效法狡兔之求免于死，而是想乘王室卑微之际图谋霸业。孙盛《晋阳秋》记载，王衍为王澄、王敦饯行时说："今王室将卑，故使弟等居齐楚（青州、荆州）之地，外可以建霸业，内足以匡帝室，所望于二弟也。"遗憾的是，没等王衍建立起他的"霸业"，匈奴汉国的铁骑已步步逼近，不久就把他的梦想踏个粉碎。不过，王衍追求的霸业虽然没有实现于齐楚，却在江南由王导实现了。当然这是后话。

二、江统"徙戎"与少数民族南下

就在王导策划南渡和南渡不久，中国北方正经历着一次前所未有的少数民族铁骑的蹂躏。

匈奴、鲜卑、羯、氐、羌等少数民族，他们大体上分布于中国的北方或东北、西北一带。

匈奴早在商周时期就已见于记载，战国、秦及汉初曾一度强盛，统一了漠北广大地区，并对中原王朝构成严重威胁。东汉时匈奴分裂为南、北两部，北匈奴被汉击败，大量西迁至欧洲。南匈奴降汉后被安置于并州北境，与汉人

①《晋书》卷43《王衍传》。

杂处，"所居郡县，使宰牧之，与编户大同而不输贡赋。多历年所，户口渐滋，弥漫北朔，转难禁制"[1]。东汉末，匈奴趁董卓之乱攻略太原、河东，屯于河内，蔡邕之女蔡琰（蔡文姬）就是此时被掠为匈奴左贤王妻。

曹操统一北方后，分匈奴为五部，各部皆以各种刘氏为帅，左部帅为于扶罗子刘豹，即刘渊之父。魏末晋初，改帅为都尉。西晋时，匈奴族人主要分布在幽州、并州和雍州等地，特别是并州一带，匈奴人很多。

羯族是匈奴的一支，源出于匈奴羌渠种，和匈奴其他各部同迁居塞内，住在并州上党一带。

东汉入居塞内的匈奴，"不输贡赋"，而到魏晋时，已和编户一样要负担赋役了。太原一带还有许多匈奴人、羯人，成了贵族豪门的田客。

鲜卑族属于东胡族，南匈奴内迁后，原居塞外的鲜卑族日趋强大。东汉末年，鲜卑大人檀石槐立，东败夫余，西击乌孙，东西占地1.2万余里，南北7000余里，尽有匈奴故地。曹魏以后，鲜卑人开始不断吸取汉人文化制度，汉化日深，鲜卑各部也日益向塞内伸展势力。

东部的鲜卑宇文氏、辽西的鲜卑段氏、中部的慕容氏，都从东北方逐步内迁，与汉人杂居。鲜卑拓跋部也自塞外向幽州、并州北部推进。

氏族有着悠久的历史，或称为槃瓠之后，居于陇蜀一带。氏人"俗能织布，善田种，畜养豕、牛、马、驴、骡"。其风俗语言不同于汉人，而近于羌、

---

[1]《晋书》卷97《匈奴传》。

胡，但多懂得汉语。因为和汉人接触多，又相杂居，所以汉化很深。西晋时，氐族人有居于武都、略阳故地的，有遍布于扶风（治今陕西泾阳西北）、始平（治今陕西兴平东南）、京兆各郡的，和汉人交错居住。

羌族也是中国历史上古老的民族，亦称西羌。羌人居于陇、蜀和青海等地广漠的草原地带，逐水草而从事狩猎或畜牧业，其与汉人杂居者，则以耕种为生。东汉时，凉州陇右一带的羌人因受汉族地主、官僚的压迫，先后掀起三次大规模起义斗争，动摇了东汉王朝的统治根基。

汉末魏初，魏、蜀多利用氐、羌力量，以相抗衡，故羌人大量内迁，与汉人杂居于陇蜀秦雍一带。西晋时，关中的冯翊（治今陕西大荔）、北地（治今陕西耀州区）、新平（治今陕西彬州）、安定（治今甘肃泾川西北），居住着大量羌人，他们受汉族地主的压迫，怨恨很深。

如上所述，西晋时许多少数民族人民与汉人杂居，在关中、并州、幽州一带，少数民族人数最多，他们身受汉族地主和西晋朝廷的残酷剥削和压迫，民族矛盾十分尖锐。如并州一带，许多匈奴人被掠为汉族地主官僚的奴隶，司马越之弟、东瀛公司马腾就执卖胡人，两胡共一枷，卖给山东地主为奴。正如匈奴人所说："晋为无道，奴隶御我。"[1] 关中一带的氐、羌，跟当地汉人的矛盾也很深，"与关中之人，户皆为仇"[2]。

---

[1]《晋书》卷101《刘元海载记》。
[2]《晋书》卷56《江统传》。

这些迁居内地的少数民族，一旦起而反抗，其势必不可收拾。为此，早在魏末，邓艾就向当政的司马师建议把匈奴人迁至雁门，并逐渐迁出与汉人杂居的氐、羌等族。

晋武帝泰始年间，匈奴右贤王刘猛起兵反叛，侍御史郭钦又提出迁徙少数民族的主张，但未受到重视。

惠帝元康六年（296），氐帅齐万年在关中起兵，江统再次提出"徙戎"的主张，并写了一篇 2299 字的政论文章阐述自己的观点，《晋书·江统传》载有全文，《通典》《太平御览》《资治通鉴》等均加收录。

江统，是陈留郡圉县（今河南杞县西南）人，出身于世族之家，父、祖均仕官至太守，祖江蕤始封男爵。江统初荫父爵，除山阴令，后迁为太子洗马，在东宫甚受宠信。但为时不久，贾南风干预朝政，太子司马遹被废，江统受牵连入狱，险些丧命。出狱后复仕官博士、尚书郎。"八王之乱"中，他周旋于诸王之间，官位不衰。永嘉四年（310），江统避乱于成皋，旋病卒。《徙戎论》一文写于元康九年（299），现录于下：

　　夷人、蛮人、戎人、狄人（春秋战国时按地域划分的"华夷之别"），都居住在距中国（指中原）三千里外的"荒服"地带。禹平定九州（《尚书·禹贡篇》将全国分为青州、兖州、冀州、雍州、徐州、豫州、梁州、扬州、荆州等九州），而四方民族归服。而部分民族性情凶悍，尤以戎、狄更甚。他们势力衰弱时，就向中国敬畏臣服；势力强盛时，就反叛侵扰。当他们强大之际，刘邦被困于白登，文帝被迫在霸上驻防。……所以圣明的君王，对待少数民族的唯一办法，就是待之有备，经常严密防守，即令他们叩头臣服，进贡宝物，而沿边要塞城镇也不能放松戒备。少数民族前来进攻，只把他们击退而不远征，只盼望国境平安，边疆不受侵扰而已。

等到周王朝瓦解，各诸侯国以大兼小，互相残杀，疆界不能固定，而利害又不相同，少数民族遂利用这种机会，深入中国本土。有的诸侯国则招诱他们，为己所用，从此，四方少数民族纷纷入侵，跟中原汉人混合杂居。及秦统一天下，向南征服越人，向北击败胡人。当此之时，中国无复四夷也。

东汉初，以马援为陇西（治今甘肃临洮）太守，击败叛乱的西羌部落，把他们迁徙到关中，让他们在冯翊（治今陕西大荔）、河东一带空地开垦荒田，与汉人交错杂居。数年之后，族类蕃息，既仗恃自己强大，又苦于汉人的压迫，于是在安帝永初年间，西羌各部落遂起兵叛变，攻杀守将，屠破城邑。邓骘出征，惨败而归，叛羌兵锋达于河内（治今河南武陟）。十年之中，羌族、汉族力量同时耗尽，任尚、马贤仅能使他们平静一时。此所以为害深重、累年不定者，虽然因为御者无方，将非其才，难道不是由于寇发心腹，害起肘腋，疢笃难疗，疮大迟愈的缘故吗？从此之后，羌族的残余势力仍在，只要遇到机会，就反复侵叛，东汉中叶以后的灾难，以羌人的反抗最为严重。

曹魏兴起之时，跟巴蜀分隔，西戎的压力由两国分摊。曹操把武都的氐族迁移到秦川（今甘肃东部），为的是减少敌国的人口，加强本国的实力，并利用他们守卫边疆。这只是一时的权宜之计，没有考虑到它的后遗症。今天，我们正在承受这种后果。

关中地区，土地肥沃，物产丰富，历代帝王都在那里定都，从没听说戎狄适合那片土地。他们永远不会跟我们同心。前人趁他们衰弱之际，强迫他们迁移到京畿地区，士族庶民都轻视、欺侮他们，使他们的怨恨深入骨髓。等到他们人口众盛，不可避免地会产生反抗之心。以他们凶悍的本性，加上累积已久的愤怒，一旦爆发，就不可收拾。他们身居境域之内，没有关卡要塞的阻拦，袭击毫无防备的人民，抢夺散布在田野间的仓库粮食，所以才会造成极大的灾害，发生不测的暴行。这是必然的后果，前车之鉴，斑斑可考。

当今之宜，应趁国家军力正盛，军事措施没有懈怠，把冯翊、北地、新平、安定各郡的各部羌人，迁徙到先零、罕开、析支故地（即青海省）；把扶风、始平、京兆（均在今陕西境内）等郡的氐族部落，迁徙到陇山之西，安置在阴平（治今甘肃文县）、武都（治今甘肃成县西北）两郡之间。发给迁徙途中所需的粮草，使他们返回到祖先的故土，命属国都尉、抚夷护军就近照顾。各族和汉族不再混杂在一起，各族住在各族土地之上，则北方各族纵然有侵略汉人的野心，但距中国太远，中间隔着千山万水，即令有寇暴行动，所造成的危害也不可能太大……

如今匈奴五部之众，户至数万，人口之多，超过西方戎族，而匈奴人天性骁勇，精于骑马射箭，战斗力之强，远超过氐人和羌人。如果不认清有一天终会掀起战火的可能性，则并州区域的情况将使人寒心。

主持国计民生的人，不应只忧虑国家贫困，而应忧虑国家不安。中国有四海之大，人民富庶，难道非把少数民族留在国内，然后才能立国？对他们都可以耐心解释，遣返故土，一方面解除他们的思乡之苦，一方面也解除我华夏内部的忧患。[1]

江统《徙戎论》立论的前提是"内诸夏而外夷狄"，主要宗旨是"戎晋不杂，并得其所""华夷异处，戎夏区别"，以挽救西晋岌岌可危的统治形势。

江统"徙戎"的主张，虽然是站在民族区别的立场，把责任完全推在少数民族身上，有其局限性，但他提出"待之有备，御之有常""境内获安，疆场不侵"的要求，还是正当和有远见的。可惜，当时西晋内部正忙于争权夺利，

---

[1] 译中多有删略，加引号者为原文。

根本没听见江统敲响的警钟。结果，"未及十年，而夷狄乱华，时服其深识"。

"徙戎"既不能行，又别无妥当措施，少数民族南下的势态遂不可逆转，匈奴、羯、氐、鲜卑各族相继掀起反晋斗争，建立政权，并最终成为西晋王朝的掘墓人。

首先起兵反晋的是匈奴贵族刘渊。

刘渊，字元海，南匈奴单于于扶罗之孙，左贤王刘豹之子。刘豹死后，刘渊代为左部帅。太康末，改任北部都尉，寻为五部（匈奴五部）大都督。惠帝永安元年（304），东瀛公司马腾、安北将军王浚起兵讨伐成都王司马颖时，刘渊招集匈奴五部之众，以帮助司马颖反击司马腾、王浚为借口，回到匈奴部众所在的左国城（今山西离石区境），被部众拥立为"大单于"，有众5万人。

同年八月，王浚攻入邺城，司马颖挟惠帝奔回洛阳。刘渊听说后，叹息说："我对他有过承诺，不可以不救。"刘宣（刘渊的堂祖父、右贤王）等劝阻说："晋朝廷把我们素不当人，奴役虐待，如今他们骨肉相残，是上天遗弃他们，赐给我们恢复呼韩邪单于大业的机会。何况，鲜卑、乌桓（司马腾、王浚引鲜卑、乌桓兵攻司马颖），跟我们本是一类，可以作我们的后援，我们为什么要去攻打？"刘渊说："也是，但大丈夫建功立业，应该学刘邦、曹操，至于呼韩邪单于，有什么可效法的？"遂正式建国，称"汉国"。

刘渊起兵后，司马腾曾派兵镇压，结果失败，刘渊势力日益发展。于是汲桑、四部鲜卑陆逐延、氐族酋长单征、王弥和石勒等，都纷纷归降刘渊，形成各族人民共同反晋的巨大声势。

刘渊既得王弥、石勒以及鲜卑、氐等各族首领的支持，于是逐渐攻取洛阳四周郡县，对洛阳形成包围之势。"胡兵"所到之处，攻破郡县城池，烧杀奸淫，无恶不作，广大无辜的当地百姓深受其害：青壮男子被强迫充军；老弱病残则在马蹄下丧生；年轻女子多被抢占为妻妾；老妇幼女也很难幸免，往往被轮奸致死。特别是一些地方长吏和王公贵族，平时仗势欺压"胡人"，对他们任意凌辱，视为猪狗。如今，"胡人"一旦攻破他们的府第，就想方设法凌辱他们的家属，把男子的头砍下后挂在树上，然后把女子抓来，剥光衣服，在人头之下逐一奸淫，直到把她们折磨至死才算罢休。

永嘉二年（308），刘渊称皇帝，国号为汉，迁都平阳（今山西临汾），命其子刘聪与王弥统军进攻洛阳。因为洛阳危急，执掌西晋大权的东海王司马越，就想避难自寻生路，于是向晋怀帝司马炽请求出军讨伐汉国先锋石勒。司马炽说："现在，胡人逐渐逼近京畿，谁也不敢肯定自己可以保全，朝廷和国家都仰赖你领导，怎么能远离京师，使根基孤立？"司马越谎称："我出兵讨伐石勒，如果能侥幸取胜，则朝廷威望可以重振，总比坐在这里等着困死好。"

永嘉四年（310），司马越率领甲士10万人和大批朝臣，东驻于项（今河南项城南）。名将劲卒，皆随之而去，洛阳守备空虚，饥荒一天比一天严重，形势更加严峻。同年，刘渊病死，子刘和继位。刘和性格嫉妒猜疑，待人刻薄寡恩。继位后就想袭杀其弟刘聪、刘裕、刘降和刘义，结果被刘聪击杀。刘聪继位，继续进攻洛阳。

司马越率晋军主力东出后，指派的洛阳留守将领一个比一个凶暴，甚至公开抢夺公卿大臣的财产，奸淫侮辱皇帝的姐妹女儿。晋怀帝根本控制不了洛阳的局势，认为这一切都是司马越一手造成的，遂利用司马越和青州刺史苟晞之间的矛盾，下密诏命苟晞讨伐司马越。苟晞跟怀帝之间使臣不断往来，引起了司马越的疑心，于是司马越派兵在洛阳、成皋之间盘查行旅，果然捕获了苟晞的使臣，搜出怀帝的密诏。司马越怒火中烧，忧愤而死。

司马越临死时，已把后事交付给太尉王衍处理，随行官员也都推举王衍为元帅，王衍虽坚决不受，但还是主张护送司马越的棺木还葬东海，再作打算。没想到石勒探知这个消息后，亲自率领轻装骑兵一路追杀而来，在苦县（今河南鹿邑）将晋军团团包围，箭如雨下，晋军号叫奔跑，冲不出重围，互相冲击践踏，尸体堆积如山。王衍及晋宗室48王，悉数被俘。王衍被俘后，竟声称自己从小就无心做官，从不过问国家大事。石勒反驳说：“阁下年轻时，就进入朝廷，盛名传播四海，身居重位，怎么说你从小就没有做官的心意？摧毁大晋朝廷，使天下残破不堪，正是你们的罪责。”

被俘的王公大臣都恐惧万分，贪生怕死，纷纷为自己开脱罪责，只有襄阳王司马范比较冷静，大声喝道：“事已至此，说有什么用？”石勒问他的大将孔苌说：“我走遍天下，到过很多地方，还没有见过像他们这样仪表堂堂的人才，是不是可以留下来为我所用？"

原来，石勒起兵后，很注意拉拢汉族士人，他在攻破钜鹿、常山等地时，就开始收留投靠他的汉族士大夫，组成"君子营"作为智囊团，并下令本族贵族不许"侮易衣冠华族"。这对他攻城略地很有效果，史称"神旗所经，衣冠之士，靡不变节"[①]。赵郡名士张宾喜爱读书，胸襟开阔，怀有大志，常把自己比作张良。石勒进攻山东（太行山以东）时，他就对亲友说："我考察所有的带兵将领，没有人能超过这位胡人将军，可以跟他共建大业。"于是就携带佩剑投奔了石勒，深受信任。

正因为如此，石勒才有些舍不得诛杀王衍等人。可孔苌却说："这些人都是晋朝的王公贵族，永远不可能对我们效忠。"石勒觉得有理，就说："也罢，但不必动刀。"深夜，石勒命人推倒屋墙，把王衍等人活活压死。又让人劈开司马越的棺材，拖出尸首，纵火焚化，说："扰乱天下的，就是这个人，我替天下人报仇，烧毁他的骨骸，昭告天地。"

苦县一役，西晋主力全部被歼，西晋王朝的灭亡只剩下一个时间问题了。

---

① 《晋书》卷 104《石勒载记》。

三、两京沦陷

司马越离开洛阳时，把他的正室裴妃、世子司马毗及龙骧将军李恽、右卫将军何伦留下来保卫京都，并利用他们监视朝廷。司马越死后，何伦、李恽立即带着裴妃和司马毗撤出洛阳，向东逃走。

当他们逃到洧仓（今河南许昌东北）时，恰好跟凯旋的石勒大军遭遇。何伦等人自然不堪一击，晋军一触即败，何伦逃往下邳，李恽逃往广宗。裴妃从此流落民间，被人掳掠贩卖，很久之后，才辗转逃到江南。因为琅邪王司马睿得以出镇建邺，裴妃是出过力的，所以司马睿对她特别感激，对她也特别厚待，并把自己的儿子司马冲过继到她的膝下，作为司马越的后裔，继承东海王的爵位。

可想而知，裴妃从一个高高在上的贵妇，突然沦落为一个女奴，除了被人娱乐蹂躏外，还要被人当作商品卖来卖去，其中的曲折，如果有人记载，一定字字悲恸。和裴妃同一命运的还有贾南风的女儿临海公主，她在洛阳陷落后也流落民间，最后，她被辗转卖到吴兴钱温家。钱温把她送给自己的女儿，她受尽了各种虐待。我们不知道虐待的细节，史书上只记有"甚酷"二字。后来，临海公主逃出魔掌，投奔吴兴县衙门，司马睿得知后，下令将钱温及其女儿一起逮捕处死。

裴妃和临海公主的遭遇，仅仅是永嘉丧乱期间的两个个例，她们虽然备受战乱之苦，但毕竟以喜剧收场。而西晋王朝的命运，正处于风雨飘摇之中，晋末二帝（怀帝司马炽、愍帝司马邺）远不如裴妃和临海公主的结局好，他们被俘后，受尽凌辱，最后屈死刀下。

就在王衍败死的这一年——永嘉五年（311），刘聪派刘曜（刘渊之侄）、王弥围攻洛阳。同年六月，刘曜、王弥、石勒三路大军在洛阳城下会师，一举攻陷洛阳。六月十一日，王弥军攻破宣阳门，直入南宫，大肆抢夺皇宫所有宫女和金银财宝。晋怀帝从华林园逃走，打算潜逃出城，结果被汉军追俘。次日，刘曜大开杀戒，诛杀太子司马铨、吴王司马晏、竟陵王司马楙、右仆射曹馥、河南尹刘默等，官民死者 3 万余人。他还挖掘西晋历代皇帝陵墓，焚烧祖庙、皇宫和官署，一时间，洛阳城火光冲天，皇宫建筑顷刻间化为灰烬。

刘曜这个人相貌奇特，生下来就有两条白色眉毛，眼睛露出红光，从小聪明，很有胆量。因其父早死，由刘渊抚养成人。成年后，仪态魁梧，性情豁达，喜爱读书，文笔优雅，臂力强壮，一寸厚的铁板，他一箭就能射穿。他还常把自己比作乐毅、萧何、曹参，可当时人都认为他自命不凡，只有堂兄刘聪赏识他，说："刘曜是刘秀、曹操之流，乐毅、萧何、曹参又算什么？"

刘曜随刘渊起兵后，被任命为建武将军，封始安王，转战山西、河南等地。刘聪继立后，转为车骑将军。这次受命进攻洛阳，因征东大将军王弥先行攻入洛阳，他没抢到头功，心里非常不高兴。在他放火焚烧皇宫前，王弥曾向他建议说："洛阳位居天下中心，四方有山有河，作为自然屏障，有现成的城池宫殿，不必再去修建，最好去奏请主上（刘聪），把首都从平阳（今山西临汾）迁到洛阳。"刘曜认为全国还没有平定，洛阳四周全是敌人，不可能固守，拒绝了王弥的主张，而放火焚烧。事实说明，刘曜从一己私愤出发，不能采纳别人的正确意见，不仅把洛阳古都化为灰烬，而且造成匈奴汉国内部的分裂，实乃罪过。

王弥气愤地诟骂说："屠各崽（匈奴汉国的贵族和单于，都出自'屠各'部落），怎么会有帝王的眼光！"遂跟刘曜结怨，率军向东，驻屯项关（今河南项城境内）。曾任西晋司隶校尉的刘暾劝王弥说："而今，九州像一锅滚沸的稀粥，英雄豪杰并起，互相角逐。将军不但为汉国建立了盖世奇功，遭人妒忌，而且又和始安王（刘曜）发生误会，将来哪里会有你的容身之地？不如回到你的故乡青州，静观天下大势，上可以统一全国，下可以割据一方，这是最好的谋略。"王弥由此而有分裂之心。

晋怀帝司马炽被俘后，押送平阳，刘聪封他为"会稽郡公"，加授仪同三司。刘聪闲暇时，和司马炽闲谈，向他问道："你从前当豫章王时，我和王济一起去拜访你，王济向你称赞我。你说'久闻大名'，就送给我一支桑木弓、一个银砚台，还记不记得？"

司马炽谦恭地说："怎么能忘？只恨当日不识天子龙颜！"

刘聪又问："你们司马氏骨肉之间，为什么互相残杀到这种地步？"

司马炽恭维说："伟大的汉国将要顺应人心，接受天命。司马氏皇族唯恐陛下辛劳，所以替陛下动手，自己先把自己铲除，这大概是上天的旨意，跟人事无关。我们司马家族如果能够保守武皇帝（司马炎）的基业，九族和睦团结，陛下怎么能坐上宝座？"

刘聪大喜，把小贵人刘娥赏赐给司马炽当妻子。

司马炽这位亡国之君，奴颜婢膝，苟且偷生，自以为对刘聪阿谀奉迎，就能免于一死，真是天真而可悲，丧尽了人格和国格。两年后（313），刘聪在平阳南宫光极殿大宴群臣，命司马炽身穿平民衣裳，在筵席间劝酒。与司马炽同时被俘的晋朝遗老遗少们，目睹故主受到如此侮辱，不胜悲愤，失声痛哭，把个宫廷宴会搞得不欢而散。刘聪一气之下，命人把司马炽等全部拉下去诛杀。可怜司马炽这位傀儡皇帝，只活到 30 岁就丧命异乡。

再说晋怀帝司马炽被俘后，中国北方连个名义上的统一政权都不复存在，逃亡各地的西晋公卿大员遂跟手握兵权的军阀互相勾结，纷纷组建临时朝廷（行台），互不统属，各自为战，西晋残留的抵抗势力四分五裂，陷入新的混乱之中。

洛阳失守的当年，共建立了五个临时朝廷，它们分别是：

晋司徒傅祗，在河阴（今河南洛阳东北）组建行台。

晋司空荀藩在密县（今河南新密西南）组建行台，发布文告，传檄四方，推琅邪王司马睿为盟主。年仅 12 岁的司马邺（吴孝王司马晏之子）逃亡到密县后，苟藩又拥立司马邺为主，南下前往许昌（今河南许昌东）。

晋大将军苟晞在仓垣（今河南长垣东北）拥立豫章王司马端为皇太子，建起临时朝廷。

出镇建邺的琅邪王司马睿则在江南代行皇帝职权，设立朝廷机构。

晋大司马，幽州、冀州二州刺史王浚，也在蓟县（今北京西南）设立神坛，祭告上天、五帝，尊奉某位宗王（史书缺载）为皇太子，设立临时朝廷。

以上五个临时朝廷，除琅邪王司马睿之外，真正拥立司马氏后代的只有苟藩和苟晞。

苟晞拥立的司马端是晋武帝司马炎之孙，虽属庶出，但毕竟是晋武帝的血脉。苟晞本应有所作为，但他骄奢淫逸，凶暴残忍，滥杀无辜，搞得人心离散，眼看就要自行瓦解。这时，汉国镇东大将军石勒正从阳夏（今河南太康）乘胜杀来，生擒苟晞和司马端，仓垣行台遂告灭亡。

在石勒攻灭苟晞部的同时，关中地区也被刘聪派人攻占。长安失守后，冯翊郡太守索綝、安夷护军麹允等人都逃到安定（治今甘肃泾川北），与晋安定郡太守贾疋等人商讨复兴晋朝的计划，大家共推贾疋为平西将军，率众 5 万进攻长安。与此同时，晋雍州刺史麹特、新平郡太守竺恢，听说贾疋出军的消息，也率军 10 万人前往长安跟贾疋会合。于是，贾疋等率领这 15 万人马英勇作战，连败刘粲（刘聪子）、刘曜两支匈奴汉军，声威大震。刘粲被迫退回平阳，刘曜在被围困数月之后，也被迫放弃长安，裹胁男女老幼 8 万余人退回平阳。

就在贾疋兵围长安之时，晋豫州刺史阎鼎打算护送司马邺入关（函谷关），定都长安，以号召全国抗击匈奴汉国。但司空荀藩、司徒左长刘畴、镇军长史周颢等，都是山东人，不想前往关中，行军途中纷纷逃散，阎鼎派军追赶，已来不及。阎鼎遂护送司马邺从宛县（今河南南阳）向武关进发，历经千辛万苦，好不容易抵达蓝田（今陕西蓝田西）。贾疋这时已攻破长安，于是派人迎接司马邺自蓝田进入长安。

晋怀帝永嘉六年（312）九月，贾疋、阎鼎等人在长安尊奉司马邺为皇太子，祭祀天地神灵，禀告上天、五帝，兴建皇室祭庙。司马邺任命阎鼎为太子詹事，统御文武百官，贾疋为征西大将军，组建起长安政权。

次年，晋怀帝的死讯传到长安，司马邺遂正式继承帝位，改年号为建兴元年，司马邺就是晋愍帝。当时，长安城中破烂不堪，居民不满 100 户人家，蒿草丛生，荆棘成林。公私加在一起，只有 4 辆牛车。文武百官连正式官服都没有，更没有印信，只把官号写在桑木手版上，表示有那么回事而已。

建兴四年（316），长安长期处于刘曜的围攻之中，城中缺粮，饥荒严重，一斗米价值黄金 2 两，百姓互相格杀，吞食尸体。饿死的人超过一半，活着的纷纷逃亡，自寻生路，太仓只剩下酿酒的曲面数升，麹允把它磨成粉末，供给司马邺吃，但不久也被吃尽。这年冬十月，司马邺向左右哭泣说："今天已到了穷途末路，城外又没有援军，只有含垢忍辱，开城投降。"于是，晋愍帝乘坐一辆羊拉的小车，脱下衣服，露出上身，口中含着璧玉，带着棺木，出东门向刘曜投降。文武百官流泪哭号，攀着司马邺的车，握着他的手，司马邺也忍不住伤感流泪。刘曜下令焚毁棺木，接受璧玉，派人把司马邺及文武百官押送平阳。

司马邺被俘送平阳后，刘聪任命他为光禄大夫。刘聪出宫打猎，就让司马邺兼代车骑将军，全副武装，手执铁戟，担任御驾车队的前导，看到的人指指点点，说："这就是以前长安的皇帝呀！"民众听到消息，聚在一旁观看，年龄大一点儿的父老，有的流泪哭泣。皇太子刘粲对刘聪说："当初，周武王岂乐意诛杀商纣王，只是恐怕恶人们互相呼应，制造祸端。如今，各地聚众反抗的人，都用司马邺的名义进行号召，不如早日把他除掉。"刘聪说："我不想下狠心杀他，姑且观察一段时间再说。"

建兴五年（317）十二月，刘聪在光极殿大宴群臣，命司马邺劝大家饮酒，洗刷酒杯。不一会儿，刘聪起身上厕所，又让司马邺为他举伞盖。被俘的西晋官员都不胜伤感，很多人流泪哭泣，有的还忍不住哭出声来，这使刘聪非常气恼。不久，晋的地方长官统兵进攻汉国控制下的河东郡，扬言要活捉刘粲，交换天子（司马邺）。刘粲上书说："司马邺如果死了，晋人没了盼望，晋军就会不攻自破。"刘聪遂下令诛杀司马邺（时年18岁），西晋宣告灭亡。

晋人干宝著《晋纪》评论指出：

当初，司马懿一代英雄，应时崛起，天性深沉有城府，好像一座城堡，气度宽宏，有容人之量。虽然用权术统御万物，却能够知人善任，人民推崇他的才能，伟大的气象开始创立。司马师、司马昭继承基业，铲除反抗势力（指诛杀李丰、毌丘俭等），团结力量。到了司马炎，终于登上皇帝宝座，用爱心厚待部属，用节俭使国家富足，和睦而不松懈，宽容而能决断，疆域广大，颁布的"年号"推行到四面八方的蛮荒之地，时有"天下无穷人"的谚语。虽然还没有进入真正的太平盛世，但也足以说明人民乐意活下去。

司马炎死后，坟墓上的泥土还没有干，变乱已相继兴起，宗室子弟不能佐助朝廷维护安定，公卿百官没有一人具有使人民景仰信赖的高贵品德，早上还是伊尹、周公一类的圣人，晚上就成了桀、跖之流的奸邪。国家权力一直在乱国之人手中传来传去，禁卫军纷纷逃亡四方；独当一面的地方官员没有强大的军力，关卡要塞脆弱得像一根草绳。北方戎、羯等族纷纷建国称制，而大晋两位皇帝，却丧失尊贵地位。原因何在？在于司马炎所指定的继承人失去大权，所托付的辅政大臣并不恰当，礼义廉耻（"四维"）丧失殆尽，卑劣腐败的政令太多。

基础宽广，房屋就不易倒塌；根部入地深厚，树木就不易拔出；

有条理有节制，秩序才不致混乱；有执着有坚持，人民才不会无所适从。从前的君王，所以能使他的政权长久存在，道理正在于此。周王朝自后稷开始，经过十六个王，直到武王才正式取得政权。他们所累积的基础和深入泥土的树根，是如此的坚固。可是晋王朝的兴起，立基扎根的情况本来已跟前代有所不同。加之朝廷之中缺少品德纯正的官员，民间缺少正直清高的士绅，致使风俗邪恶淫乱，崇尚不应崇尚的东西，羞耻不该羞耻的行为。学者肯定《老子》《庄子》为正统，贬黜儒家学派的"六经"，议论的人认为只说话不做事是境界高超，实践力行是低贱庸俗。担任行政职责的人，认为放荡污浊是豁达大度，遵守承诺、坚持立场是落伍顽固。进入仕途的人，认为用不道德的手段取得官位是一种高贵，正正当当靠才能升迁反而受到轻视。当权的人认为不辨是非，只闭着眼睛签字才是风流洒脱，对勤劳认真则加以嘲笑。

所以，刘颂屡次强调治国方略，傅咸经常纠正奸邪作风，可众人反而抨击他们只注意俗事。而一些口唱空虚、不负责任、依附无心的人，却都名重四海。像周文王那种太阳已经偏西还没有进餐，像仲山甫那种日夜都不懈怠的工作态度，世人会嗤之以鼻，而把他们罢黜，当作一撮灰尘般抛弃。在这种情况下，无论诽谤或赞美，都和善恶的事实恰恰相反，求仕者把全部精力投入钻营投机和逢迎贿赂，"选者为人择官，官者为身择利"。豪门大户、皇亲国戚的子弟，可以超越迁升，不受资格、品级的限制。风尘仆仆，全都是争权夺利之士，"列官千百，无让贤之举"。

刘寔曾著《崇让论》，但无人反省；刘颂制定九级官吏升迁制度，却不能实行。女子们不知道缝纫，纵情任性，甚至忤逆公婆，诛杀陪嫁侍女或丈夫的姬妾，做父兄的不加怪罪，天下人也认为她们没有什么不对。礼教刑罚，于此大坏，"国之将亡，本必先颠"，大概就是指此。

所以，观察阮籍的行为，可知礼教崩溃的原因；观察庾纯、贾充的争执，可知公卿阶层的邪恶；观察灭吴时的争功情形，可知将帅之间不能互相容忍；反思郭钦的谋略，可知胡族何以反叛；观察傅玄、刘毅的言论，可知文武百官的污秽堕落；观察傅咸的奏章和鲁褒的《钱神论》，可知贪赃枉法的行为竟是完全公开。

社会风气、国家大势已经成了这个样子，即使是一个中等才能、奉公守法的帝王来主持国政，恐怕仍会发生灾祸。"况我惠帝以放荡之德临之哉！"怀帝在大乱之中登上帝位，受到强梁大臣的控制；愍帝在亡命途中登基，不过徒有皇帝的虚名。天下已经失去，除非是超越一世的雄才，否则不能重新取得天下。①

———————————————

① 《资治通鉴》卷89《晋纪十一》，加引号处为原文。

西晋既亡，出镇建康（今南京）的司马睿，在以琅邪王氏为首的南北大族的辅佐下，建立起东晋政权。东晋的建立，在客观上有利于南北汉族人民组织抗战，保卫江南不受"胡族"铁骑的践踏。

第四章

『王与马，共天下』

《晋书》卷98《王敦传》："（元）帝初镇江东，威名未著，敦与从弟导等同心翼载，以隆中兴。时人为之语曰：'王与马，共天下。'"

《南史》卷21史臣论曰："晋自中原沸腾，介居江左，以一隅之地，抗衡上国，年移三百，盖有凭焉。其初谚云：'王与马，共天下。'盖王氏人伦之盛，实始是矣。"

琅邪王氏诸兄弟与琅邪王司马睿，在特定的历史条件下结成密切关系，王敦总征讨，王导专机政，王氏子弟布列显位。王导以他所居司马睿左右的关键地位，艰苦经营，终于奠定了东晋皇业和琅邪王氏家族在江南的根基，因而才有"王与马，共天下"之语。

东晋初年诸帝，待王导以殊礼。晋元帝（司马睿）会群臣，则引王导"登御床"，对王导素以"仲父"相尊。晋成帝（司马衍）给王导手诏，用"惶恐言""顿首""敬白"等谦词，中书作诏则用"敬问"。

"王与马，共天下"，这并不是时人的夸张之词，而是一种确有实际内容的政治局面。王敦叛乱，攻入建康时，司马睿派人对王敦说："公若不忘本朝，于此息兵，则天下尚可共安也。如其不然，朕当归于琅邪，以避贤路。"① 由此可见，司马睿此时不敢以君臣名分自持来罪责王敦，只得委曲求全，企图维持与王氏的共安。他请求王敦不要擅行废立之事，不要破坏"共天下"的局面。如果王敦执意独吞天下，破坏共安，司马睿无以自恃，就只有退避琅邪这一条路可走。

当然"王与马，共天下"，不是指裂土分封关系，而是指在权力分配和尊卑名分上与一般君臣不同的关系。王与马的这种特殊关系，发生在东晋创业、司马睿壮年继嗣之时，而不是末世权宠礼遇非凡，也不是阿衡幼主僭越名分一类不正常的情况。王导以一代名相处此地位，而当世并不认为是非分，这在历史上是罕见的。

但是，东晋初年为什么会形成这种政治局面呢？总的说来，东晋政权是"八王之乱"和"永嘉之乱"的产物，而东晋政权依赖于士族，则是门阀制度发展的结果。士族高门与司马氏"共天下"，归根结底可以从这里得到解释。那么，为什么是琅邪王氏而不是别的高门士族与司马氏"共天下"呢？这还要从永嘉南渡讲起。

琅邪王氏与司马氏的历史渊源，以及王衍、王导、王敦等王氏成员谋划南渡的过程已见前述。就当时的形势而言，司马睿能否实现南渡，只取得司马越的同意还远远不够，因为他还需要取得江南门阀士族的支持。

---

① 《晋书》卷 6 《元帝纪》。

一、周玘"三定江南"

在北方遭受"八王之乱"与"永嘉之乱"之时，中国南方也经历了大乱波及的各种灾难，正所谓"城门失火，殃及池鱼"。

本来，西晋灭吴后，江东士族沦为亡国之臣，一直心存疑惧和怨恨。晋武帝司马炎也认为江东是个多事的地方，所谓"吴人轻锐，易动难安"①。所以在他晚年，曾打算封"幼稚王子"于吴（即吴郡，治今江苏苏州）以镇之，当时刘颂任淮南相，认为此议"未尽善"，主张以"壮王""长王"出镇江东。但不久"八王之乱"爆发，江东既无强藩，又缺乏重兵，在这种条件下，流民暴动、守将叛乱的事件层出不穷，严重威胁到江南士族的家族利益，因此才有南方士族"三定江南"之举，才最后接纳司马睿渡江出镇。

"八王之乱"的爆发，进一步加重了广大农民群众的负担，直接死于战乱的兵民，就不下数十万。大乱之中，粮荒严重，疾疫流行，人民无法生活下去，始则结成大批流民群，或者径称为"乞活"，背井离乡，奔走他方。在流亡途中又遭到地方官吏的迫害和镇压，于是，广大流民群众遂揭竿而起，展开了激烈的反抗斗争。

①《晋书》卷52《华谭传》。

当时各地的流民群很多，尤以蜀汉荆襄流人最众，矛盾也最突出，故流民起义也多发生在这些地方。当时，流民起义规模比较大的有：賨人（后又称巴氏）李特在四川领导的起义；张昌聚流人在安陆（今湖北云梦）的起义；王如率流人在宛（今河南南阳）起义；杜弢领导的湘州起义；等等。其中，对江东影响较大的是张昌领导的流民起义。

晋惠帝太安二年（303）五月，晋政府以"壬午诏书"（正月八日为壬午日）调发丁壮入蜀，以镇压李特起义。人民不愿应征，而诏书严厉，强迫立即出发，应征的人勉强上道，一面走一面逃亡。当时，江夏（治所在安陆）庄稼丰收，前来谋生的流民有数千人。"义阳（今河南新野）蛮"张昌趁此机会，率领流民在安陆县石岩山起义，逃荒的流民和逃避兵役、差役的平民纷纷前来投奔。张昌起义后，连败官军的镇压，一举攻克江夏郡，声势大震。他又制造谣言，声称"当有圣人出，为人之主"。找了一位山都（今湖北襄阳西北）县吏丘沈，改名为"刘尼"，冒称汉朝后代，推为天子。张昌改姓名为李辰，自任相国，改年号为神凤。一时间，长江、沔水一带，很多地方聚众起兵，响应张昌，旬月之间，部众聚集到3万多人。起义群众头戴红帽，用马尾巴当作假胡须，作战英勇顽强。西晋镇南大将军、新野王司马歆也上书说张昌部众"数以万计，头上发红，脸上满是毛发，舞刀弄戟，锐气不可抵挡"。

张昌占据江夏后，四出攻战，破宛，攻襄阳，斩杀新野王司马歆，另派部将石冰攻取江、扬二州。遣别将陈贞攻取武陵、零陵、豫章、武昌、长沙诸郡。临淮人封云也聚众起兵，攻击徐州，响应石冰。于是，荆、江、徐、扬、豫五州境内，大多数郡县都被张昌占领，声势很大。

不久，朝廷派刘弘为镇南将军、都督荆州诸军事、荆州刺史，刘乔为威远将军、豫州刺史。刘弘派南蛮长史陶侃、参军蒯桓等，举兵攻张昌于竟陵（今湖北潜江西北），大破张昌，前后斩杀数万人，张昌战败逃匿，次年被捕诛杀。

石冰领导的义军继续转战于扬、徐一带，势力仍然很大。江东士族义兴（今江苏宜兴）人周玘，联络长沙王矩等"江东人士"共同起兵讨伐石冰，推举"东吴四姓"之首的吴兴郡守、吴郡人顾秘为都督扬州九郡诸军事，动员江东各郡的门阀世族武装配合官军镇压起义军。于是，贺循、华谭、葛洪、甘卓等先后起兵，响应顾秘。

石冰在世族武装的围剿下，被迫从临淮（今江苏盱眙）向寿春（今安徽寿县）转移。驻防寿春的征东将军刘准惊慌失措，不知如何是好。广陵度支（运粮官）陈敏对刘准说："石冰的部众，都因为不愿长途远征才被迫当盗贼，不过是一群乌合之众，容易瓦解，我愿领兵出战。"刘准遂派陈敏迎击石冰。

太安三年（304），石冰连战连败，退守建邺（今南京）。周玘遂与陈敏联兵进攻建邺，石冰向北败逃，旋被部下所杀，扬州、徐州至此全部平定。周玘、贺循等解散他们的部众，将他们遣返回家。这就是江东世族的"一定江南"。

西晋末年，是个多事之秋，江东世族刚刚平定了张昌、石冰起义，不久，又发生了陈敏叛乱。

陈敏是庐江郡（治今安徽舒城）人，出身寒微，初仕尚书仓部令史。赵王司马伦篡夺皇位后，引起齐王司马冏、成都王司马颖、河间王司马颙"三王"起兵。当时，京师洛阳仓廪空虚，而江东米谷囤积很多，司马伦遂任命陈敏为合肥度支，令其督运江淮漕运，运谷北上。

陈敏配合周玘等平定石冰起义后，因功迁为广陵相，由此自认为勇力盖世，谋略万无一失，遂有割据江东（今芜湖至南京一线长江南岸地区）的野心。他的父亲气愤地说："屠灭我家满门的，一定是这个孩子。"不久，忧愁而死。陈敏因父丧之故，辞职返乡守丧。

此时，惠帝被司马颙部将张方挟至长安，东海王司马越以西迎惠帝大驾为名，联合东方诸王西讨司马颙，承制征召陈敏为右将军、前锋都督。司马越在萧县的灵璧受挫后，陈敏要求回东方招募军队，司马越同意。

惠帝永兴二年（305），陈敏抵达历阳（今安徽和县）招兵买马，公开反叛，自称扬州刺史。遣弟陈恢南下夺取江州，弟陈斌东下夺取其他郡县，占据江东地区。当时，江东门阀刚刚经历了石冰起义的打击，又深知洛阳政权已难维持，急需一个像孙策兄弟那样的人物来号令江东，保障他们家族的利益，所以，最初他们是支持陈敏的。陈敏也想拉拢江东门阀支持他建立割据政权，于是任命"江东首望"顾荣等 40 余人为将军、郡守。但陈敏又企图独霸江东，自任都督江东诸军事、大司马、楚公，声称要自江入河，奉迎銮殿，以与司马越争雄。所以，江东门阀和司马越都不能容忍陈敏。

江东望族贺循，假装疯癫，不去就职，周玘也说自己有病在身，拒绝前往任所。陈敏感觉到江东名士不可能跟他合作，遂有杀心。顾荣劝阻说："中原祸乱不断，北方少数民族已侵入中原。观察今天的形势，太傅司马颙没有能力重振华夏，百姓恐怕要死亡殆尽。江南虽然经过石冰的骚乱，可是社会的核心人物还都保全。我常常感叹，遇不到孙权、刘备那样的领袖，来拯救苍生。如今，将军（陈敏）英明神武，盖世无双，显著的功勋已经建立，甲士数万，船舰多得像重重山峦。如果能够亲信正人君子，使他们竭力贡献才智，化解细微的误会，杜绝挑拨离间的言论，则长江上游各州，可以凭一纸文告平定。不然的话，恐怕难以完成大业。"陈敏觉得有理，这才没有大开杀戒。

陈敏为政，杂乱无章，手下将领十分凶暴，给江东人民带来很大灾难。顾荣、周玘等都十分忧虑。这时，东海王司马越府军谘祭酒华谭，写信给顾荣等，说："陈敏盘踞吴会（江东），性命像早上的露珠。各位先生，有的被皇帝分封在著名的大郡，有的列为皇帝近臣，而今竟沦为奸人（指陈敏）党羽，岂不羞耻！

"从前，东吴孙坚父子，都是英雄俊杰，才能继承大业。试看陈敏的凶暴狡诈，不过七第顽冗、六品下才，却打算效法孙策的事迹，遵循孙权的轨则，我想你们心里也不会认为他有此能力。皇上（指司马炽）已回到洛阳，俊杰人才，充满朝廷，势将动员六军，扫荡建邺，各位还有什么颜面，再见中原人士！愿图良策，以存嘉谋。"

华谭此信，显然是受命于司马越、王衍，目的是告诫南方士人，如果要保障江东士族利益，只有反戈一击，消灭陈敏，与司马越合作。顾荣、周玘、纪瞻等接到华谭的信，都十分惭愧，遂定策灭陈敏，派密使晋见征东大将军刘准，请刘准出动大军，逼近长江，顾荣、周玘等作为内应。

刘准因派扬州刺史刘机出兵历阳（今安徽和县），讨伐陈敏。陈敏得知官军来攻，遂命其弟广武将军陈昶统众万人驻防乌江（历阳东北），迎战刘机。陈昶的军司马钱广，是周玘的同乡，周玘密令钱广袭杀陈昶，然后回兵在朱雀桥（建邺宫城之南）备战。

陈敏听说钱广反戈一击，遂命甘卓（陈敏亲家，陈敏反叛前，为子陈景娶甘卓女为妻）出兵讨钱广，并把所有精锐部队都交给甘卓指挥。这时，顾荣、周玘两人私下对甘卓说："如果江东大业可以建立，我们当同心完成。然而，你观察当前形势还有没有希望？陈敏不过是一个普通人才，本来没有什么大略，政令又反复无常，没有固定的奋斗计划，而子弟们个个骄傲自负，结局必然是失败。我们安然接受他的官职俸禄，等到瓦解的那天，让江西（长江下游北岸淮水以南地区）各军（指征东大将军刘准所属各军），把我们的人头装到匣子里送到首都洛阳，上面写'逆贼顾荣、甘卓首级'，这可是万世的差辱。"甘卓接受了他们的规劝，遂假装有病，派人把女儿接回，然后破坏朱雀桥，把船只全部调到秦淮河南岸集结，和周玘、顾荣以及丹阳人纪瞻联兵攻击陈敏。

陈敏既悲又愤，亲率一万余人攻打甘卓。甘卓部下隔着秦淮河向陈敏部众高喊："我们所以效忠陈公，是因为有顾荣、周玘领导。现在情势大变，你们还想干什么？"陈敏部众迟疑不决，顾荣挥动白羽毛扇，让他们逃走，全军遂一哄而散。陈敏单骑北逃，至江乘（今南京东北长江南岸）被捕，押送建邺斩首，屠灭三族。这就是"再定江南"。

从陈敏的兴败中，琅邪王氏、司马越和江东门阀各自作出了自己的估量。王、马认识到江东形势亟待强藩出镇，否则还可能出现第二个陈敏；江东门阀也准备接受从北方来的强藩，只要他们有足够的名分和权威，而又能尊重江东门阀的利益。正是在双方有这种共同要求的条件下，司马睿与王导才得以在南方士族的默许下渡江。

司马睿渡江后，立足未稳，又发生了钱璯的叛乱。原来，在陈敏企图割据江东之时，吴兴人钱璯起兵讨敏。陈敏之乱平定后，东海王司马越任命钱璯为建武将军，命他率部众北上救援洛阳。钱璯行至广陵（今江苏扬州），听说匈奴汉国刘聪正围攻洛阳，畏惧不敢前进。

晋怀帝永嘉四年（310），钱璯准备谋杀扬州刺史王敦，然后反叛，王敦逃回建邺。钱璯遂在广陵举兵，杀西晋度支校尉陈丰，焚烧粮仓，自称平西大将军、八州都督，率兵渡江而南，进攻义兴（治所在阳羡，今江苏宜兴）。司马睿派将军郭逸等出讨，周玘又联合乡里武装配合郭逸迎战，大败钱璯，临阵斩之。这就是"三定江南"。

有了周玘"三定江南"，换句话说，有了江东门阀大族镇压流民起义、消灭割据势力，从而稳定了江东的政局，东晋政权才得以建立和巩固。

二、创建东晋政权

晋怀帝永嘉元年（307）九月，在江东门阀平定陈敏之乱 5 个月后，琅邪王司马睿抵达建邺。最初，南方士族对司马睿的出镇一直采取观望态度，既没有举行隆重的欢迎仪式，也没有礼节上的接风洗尘，这使司马睿非常尴尬。

道理很简单，江南士族早在孙吴时，已经形成一股强大的地方势力。西晋平吴后，这些士族一直不甘心本地割据政权的覆灭，太康以后，有江南童谣三首说：

> 局缩肉，数横目，中国当败吴当复。
>
> 宫门柱，且莫朽，吴当复，在三十年后。
>
> 鸡鸣不拊翼，吴复不用力。[1]

《宋书》引《五行志》称："于时吴人皆谓在孙氏子孙，故窃发乱者相继。

---

[1]《全晋诗》卷 8《武帝太康后童谣三首》。

按横目者四字，自吴亡至晋元帝兴，凡四十年，皆如童谣之言"，还说"局缩肉"是直斥晋元帝司马睿的"懦而少断"。可见，江南士族力量固然不能抗拒统一的形势，但在本地的作用还相当大。如周玘"三定江南"就是最好的说明。

陈敏事件后，江南士族虽然需要强藩出镇，来保护他们的家族利益，但由于司马睿素无声望，因此对他深怀轻视，内心不服。对此，王导深感忧虑，他深知，自己辅佐司马睿渡江后的首要任务，就是要尽力笼络南方士人，争取他们的合作，并设法协调南北士族之间的利益。正巧，赶上江南人民传统的禊节，不论王公贵族还是庶民百姓，都要到水滨河畔去祭祀，以求福除灾。王导遂利用这一机会，让司马睿乘坐一辆没有篷盖的轿，仪仗队威武庄严，引人注目。而王导以及中原来的知名人士都骑马随从。这长长的出巡队伍，立刻惊动了许多人，南方名流都来会聚，他们看到北方首族王导以及其他"高门望族"如此拥戴司马睿，都极为震动，不能不对司马睿刮目相看，于是，江南门阀中的头面人物顾荣、纪瞻等相继出来，在路旁参拜司马睿。

王导这一招儿，使司马睿的威望大大提高。接着，王导又向司马睿建议说："古代的圣君，都要招纳贤俊，何况当今天下纷乱、大业草创。顾荣、贺循等人都是江南士族中有名望的人，应该跟他们结交，凝聚民心。只要他们肯来，其他人也都会跟着来报效。"

司马睿觉得很有道理，就派王导亲自去登门拜访。那么，顾荣、贺循等人又有多高的门第家世呢？

顾荣，字彦先，吴国吴县（今江苏苏州）人，是江苏著姓。他的祖父顾雍做过东吴丞相，父亲顾穆官至宜都太守。东吴时，吴县顾氏为江东四姓（顾、陆、朱、张）之首，地位显赫。顾荣自少仕吴，任黄门侍郎、太子辅义都尉。晋灭吴，他与陆机兄弟同时被征至洛阳，号称"三俊"。历仕尚书郎、太子中舍人、廷尉正等职。"八王之乱"时，先后隶属赵王司马伦、齐王司马冏、长沙王司马乂、成都王司马颖、东海王司马越，终日以酒为娱，不理政事，以求免祸。及陈敏反，顾荣南归，初仕于敏，寻与周玘等诛敏。

贺循，字彦先，会稽山阴（今浙江绍兴）人。贺氏原姓庆，先祖庆普在汉代传授《礼》，世称"庆氏学"。高祖父庆纯，博学多识，名闻当世，汉安帝时任侍中，避安帝父讳（刘庆），改为贺氏。曾祖贺齐，东吴时为名将。父亲贺邵，官至中书令，后为孙皓所杀，家属徙边。东吴灭亡后，迁还本郡。贺循初举秀才，任阳羡（今江苏宜兴）令，为政以宽惠为本，素有盛名，但在朝廷无人为援，久不迁升。后在陆机推荐下，召补太子舍人。"八王之乱"爆发后，辞职归乡，参与镇压石冰起义。陈敏图据江东，任循为丹阳内史，贺循借口有病，拒不出仕。

纪瞻，字思远，丹阳秣陵（今南京）人。祖父纪亮，东吴时为尚书令。父纪陟，官至光禄大夫。吴亡，家徙历阳。仕晋为大司马东阁祭酒，太安年间，弃官返乡，与顾荣等共诛陈敏。

周玘，字宣佩，义兴阳羡（今江苏宜兴）人。祖父周鲂，东吴时官至鄱阳太守。父周处，初为东观左丞，入晋为新平太守，累官御史中丞。周玘自少名重一方，辟为本州别驾从事，寻迁议郎。西晋末年，周玘联络江南名士，"三定江南"，名闻海内。

这四个人都是江南屈指可数的头面人物，在本地有很大号召力，如果不能取得与他们的合作，司马睿和南渡的北方士族就很难立足江南，所以，王导才劝司马睿跟他们结交。

王导先是出访了贺循、顾荣，二人都表示接受延聘。于是，司马睿任命贺循为吴国内史，顾荣为军司，加授散骑常侍，纪瞻为军谘祭酒，周玘为仓曹属、寻迁吴兴太守、封乌程县侯。

随后又通过顾荣，推荐了不少江南士族，《晋书》卷 68《顾荣传》说：

时南土之士，未尽才用，荣又言："陆士光贞正清贵，金玉其质。甘季思忠款尽诚，胆干殊快。殷庆元质略有明规，文武可施用。荣族兄公让，明亮守节，困不易操。会稽杨彦明、谢行言，皆服膺儒教，足为公望。贺生沉潜，青云之士。陶恭兄弟，才干虽少，实事极佳。凡此诸人，皆南金也。"

司马睿一并采纳，广为沿用。

至此，司马睿在王导的策划下，把江南名士都笼络到安东将军府的隶属之下，为东晋政权的建立做好了准备。

西晋永嘉年间，北方大乱，只有江东地区相对平安。因此，北方人民大批南下求生，一时形成南渡长江的移民浪潮。北方的名门望族为保全家族安全，除一小部分北投幽州刺史王浚或西奔河西走廊之外，大多数也纷纷加入南渡的行列。兹据《晋书》各传，举例如下：

汝南周颛，随晋元帝渡江，其兄弟周嵩、周谟，也都南渡，仕于东晋。

范阳祖逖，本"北州旧姓"，"及京师大乱，逖率亲党数百家，避地淮泗"，后再迁至京口，其兄纳、弟约，亦皆南渡。

平原华歆的子孙华轶、华恒，皆渡江南来。

太原温峤，为刘琨右司马，替刘琨与东晋联系，因至江东。

高平郗鉴，当永嘉之乱时，"举千余家，俱避难于鲁之峄山"，而鉴为主，后渡江至建邺。

彭城刘隗，"避乱渡江"。

渤海刁协，"避难渡江"。

济阴卞壶，随晋元帝渡江。

汝南应詹，随刘弘官于荆州，遂仕于东晋。

琅邪刘超，从晋元帝渡江。

颍川钟雅，"避乱东渡"。

河东郭璞，"潜结姻昵及交游数十家，欲避地东南"，因至江东。

河南庾亮，父官于会稽，随在江南，因留仕于东晋。亮弟庾冰、庾条、庾翼等皆仕于东晋。

谯国桓彝，随晋元帝渡江，其子孙仕于东晋的很多，如桓云、桓石虔、桓石生、桓冲等。特别是桓温、桓玄父子，几乎夺取了东晋政权。

太原王浑的子孙王承等，"避难南下"，因仕于建康。

颍川荀崧，是荀彧的玄孙，避乱江东。

南阳范坚、范汪叔侄，避乱江东。

琅邪诸葛恢，为诸葛诞之子，"天下大乱，避地江左，名亚王导、庾亮"。

陈留蔡谟，"避乱渡江"，仕于东晋。

陈郡殷浩，父羡为豫章太守，浩因留仕于东晋。

平阳邓攸，从石勒军中逃出，遂至江东。

陈郡袁环，魏袁涣的曾孙，奉母避乱，因南渡，仕于东晋。

陈国谢鲲，其子侄谢尚、谢万等，皆东晋名臣。

以上略举若干事例，可见中原士人避乱南渡者之多。故旧史说："洛京倾覆，中州士女，避乱江左者十六七。"王导因而建议司马睿，在南渡的北方士人中广泛延揽贤能才俊，参与政事。亦即选取南渡士人，帮助建立偏安政权。司马睿欣然采纳，共延聘了掾属100余人，时称"百六掾"。如，任命刁协为军谘祭酒，王承、卞壶为从事中郎，诸葛恢、陈频为行参军，庾亮为西曹掾。

南渡士族固然很多，但终究是客，大有流落他乡的忧虑，比如桓彝初过江，"见朝廷微弱，谓周顗曰：'我以中州多故，来此欲求全活，而寡弱如此，将何以济！'"但拜见王导之后，却高兴地对周顗说："向见管夷吾（指王导），无复忧矣。"温峤初至江东，见江左政权草创，纲维未举，也深为忧虑，"及见王导共谈，欢然曰：'江左自有管夷吾，吾复何忧！'"[①]由此可见王导在东晋政权草创过程中发挥的作用以及他在南渡士族心中的分量、影响和威望。

其实，司马睿南渡以后，也确实依靠南渡士族之首的王导来坐镇江东，稳定局势。《世说新语·叙录》"元帝始过江"条汪藻《考异》记载：司马睿过江两个月后，其母王太妃夏侯光姬在琅邪逝世，司马睿便欲奔丧，顾荣等坚决劝阻，乃止。次年（永嘉二年）三月，司马睿在取得朝廷同意后，"上还琅邪国，四月葬太妃，上还建康"。这一详细的时间表，说明司马睿始过江，即操持奔丧之事，坐镇江东主要靠王导，有王导在，江东政治就有了重心，这正是南渡后"王与马，共天下"的具体反映。换句话说，"王与马，共天下"并不像《王导传》所说那样，只是司马睿过江后王敦、王导一时"同心翼戴"的结果。可以说，过江以前已经具备了"共天下"的许多条件，过江以后至东晋政权正式建立，"共天下"的政治格局就已经形成了。永嘉南渡后，王导始终居机枢之地，同年十一月，王澄出任荆州都督，永嘉三年（309）三月，王敦出任扬州刺史。琅邪王氏以王导为核心，居中执政，同时领有荆（长江上游）、扬

①《晋书》卷67《温峤传》。

（长江下游）二州，基本控制了江南的政局。

通过上述政策和措施，司马睿依仗南渡的侨姓士族，又尽量招引本土的吴姓士族，终于成为江南地区事实上的最高军政长官，偏安政权已粗具规模。

东晋元帝建武元年（317），长安沦陷后，司马睿称晋王。据说，当时文武百官共同劝进皇帝尊号，司马睿不接受，流着眼泪说："我是一个罪人，各位贤士如果一定强迫，我只好回到我的琅邪封国。"一面说着，还一面呼唤家奴准备车马，就要动身。群臣只好让步，只请依照曹魏和西晋建立时的前例，先称"晋王"，司马睿这才同意。三月九日，登晋王位，改年号为建武元年，设立文武百官，建立皇家祭庙，兴筑祀奉天地神灵的祭坛。大凡中国古代，开国之君称帝前，都要演这么一出劝进的把戏，以表示自己谦恭退让，不敢以天下为私的美德，这种虚伪性被他们表演得淋漓尽致。

次年三月，晋愍帝司马邺死亡的消息传到建康，司马睿身穿麻布丧服，把卧床移进地窖。文武百官奉上皇帝尊号，司马睿仍旧故作姿态，不予批准。丞相军谘祭酒纪瞻说："晋王朝法统断绝，如今已经两年，陛下自应担当大业。试看皇族之中，还有谁能承受此任？如果陛下顺天应人，则人神都有了依靠。假若一定要拂逆天心，违背人望，大势一去，将永不回头，东西二京（洛阳、长安）都已化为灰烬，皇家祭庙无人祀奉，刘聪在北方篡夺，而陛下却在东南清高。这正是用谦恭礼让的态度去救大火！"

司马睿仍然不肯，命殿中将军韩绩拿开御座。纪瞻大声呵斥说："帝王

座位，上应星宿，敢动一动的，立刻斩首！"司马睿为之动容。这时，就有

人不知趣了，奉朝请周嵩上书说："古代帝王，大义无亏，然后取位；谦让不

果，然后接受。故能长久，如同日月，照耀万年。如今，两位皇帝（怀帝司马

炽、愍帝司马邺）的灵柩还没有运回，故都旧京还没有光复，忠义之士落泪流

血，男女老幼惊慌不安，当务之急，应加强军队的训练，先洗雪国家的奇耻大

辱，符合天下人民的盼望。至于天子的玉玺宝座，难道会落到别人手上？"司

马睿阅后，非常不高兴，把周嵩贬出建康，外任新安郡守。不久，周嵩又被指

控"怨望"，受到刑罚。

在王导等人的再三劝进下，司马睿遂正式称帝，是为晋元帝。颁布大赦

令，改年号为太兴元年。东晋政权，至此终于创建起来。

东晋政权是中国历史上在江南出现的第一个正统政权。它的建立，有利于

抵御北方少数民族政权的南侵，对北方人民的抗争也起到了一种鼓舞作用；同

时也有利于组织和发展南方经济，有利于中原汉族文化的保存和发展。新中国

建立后，曾在广州河南敦和乡客村发掘一座晋墓，其砖铭上有一首民谣说：

永嘉世，天下灾。但江南，皆康平。

永嘉世，九州空。余（馀）吴土，盛且丰。

永嘉世，九州荒。余（馀）广州，平且康。

这说明，"永嘉之乱"之后，江南社会稳定，经济有所发展。因此，东晋王朝的建立在历史上是有进步意义的。

三、居朝执政

王导以安东司马辅佐司马睿出镇建邺，不久任丹阳（治建邺，今南京）太守、辅国将军。司马睿称晋王，任王导为丞相军谘祭酒，寻拜右将军、扬州刺史、监江南诸军事，迁骠骑将军，加散骑常侍、都督中外诸军，领中书监，录尚书事，假节、刺史如故。及司马睿称帝，晋位骠骑大将军、仪同三司，封武冈侯。又升为侍中、司空、假节，录尚书，领中书监。

由上列王导的履历可知，王导南渡以后，一直身居宰辅之位，居朝执政，"王与马，共天下"的权力结构由此形成。

两晋时期，以皇帝为首的权力结构，由两大系统组成。一个是为皇帝决策提供咨询、建议的参谋系统；一个是接受皇帝指令实施政务的行政中枢系统。

参谋系统的构成人员主要由中书监令、秘书监令、散骑常侍、侍中组成。另外还有太宰、太傅、太保、太尉、司徒、司空、大司马、大将军这些设置不稳定、权责不分明的高级官员参与。其中，以中书监、令为首。

行政中枢的构成人员，主要由录尚书事、分录尚书事、参录尚书事这些受权指导尚书省工作的官员以及尚书省首长尚书令、尚书仆射组成。其中，以录尚书事为首。

这种权力结构可图示如下：

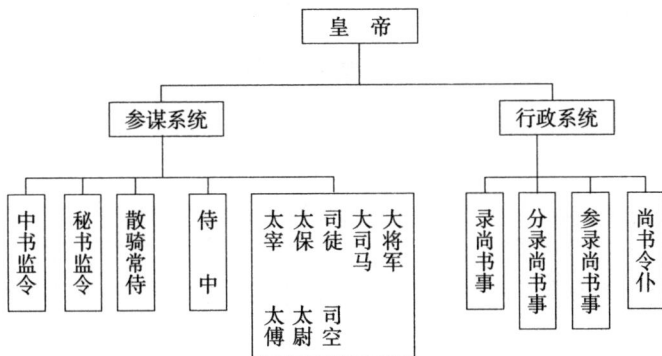

据表可知，王导身兼参谋系统之首中书监令和行政系统之首录尚书事，总揽政治大权。同时，他又领有扬州刺史、骠骑大将军、都督中外诸军，控制京畿和军事。权力之大，无人能比。王导之后，颍川庾氏、谯国桓氏和陈郡谢氏等北方士族相继执政，故东晋叛臣韦华说：

> 晋主虽有南面之尊，无总御之实，宰辅执政，政出多门，权去公家，遂成习俗。①

这种北方士族为主体，南北大族共同专政的权力结构为什么能形成呢？

① 《晋书》卷118《姚兴载记》。

如前所述，琅邪王司马睿，本来不具备在江东建立皇权的条件。他在晋室诸王中既无威望，又无实力，更无功劳，如果不借助于门阀士族的扶持，根本没有在江东立足的余地。此外，他在司马氏皇室中也没有坚强的法统地位，与西晋武帝、惠帝、怀帝、愍帝的皇统疏而又疏。在此条件下，只有门阀士族的砝码，才能增加司马睿的政治分量。除了王导兄弟已偕同南渡外，其他中原旧门，特别是东海王司马越府掾属的众多名士也纷纷渡江，他们恰好为司马睿提供了这种有分量的砝码，因而江东门阀政治才能水到渠成。

司马睿固然需要南渡士族的支持，南渡士族也需要司马睿政权的保障。两晋之际，少数民族南下，对晋室造成危机，南渡士族作为晋室臣民，自然不会也不可能舍弃晋室而另立新朝。他们只有奉晋室正朔，拥晋室名号，才是保全自己家族利益的最好办法。既然武、惠、怀、愍的皇统已没有合法继承人，据有江东地利条件的司马睿自然成为他们瞩目的对象，这是司马睿得以继承晋统的有利条件。

正是在司马睿与士族之间的这种互抗互补关系的作用下，才形成了东晋所特有的门阀士族势力平行于皇权，甚至超越皇权的权力结构。不过，皇权与士族毕竟是两回事，两者之间不可能交融无间。元帝即位时，故作姿态，引王导同登御床，并不是王与马协调一致的表现，它只是表明王、马之间，也就是士族与皇权，由于特殊的原因，暂时处于一种平分秋色的状态。

在这种权力结构的运行中，南渡士族固然要保全司马氏的皇朝，使司马皇朝能对南渡士族起庇护作用，但绝不希望晋元帝真正发挥皇权的威力来限制他们。同时，晋元帝也不会甘心与士族"共天下"，因此才有后来晋元帝重用刘隗、刁协以压抑王氏兄弟之举。

这说明，要稳定"共天下"的权力结构和政治秩序，要取得皇权与士族的平衡以及士族之间的平衡（包括侨姓士族与吴姓士族的平衡、侨姓士族各门户之间的平衡），还需要经过一场实力的较量才行。于是发生了王敦之乱，苏峻、祖约之乱（详后）。它说明士族在东晋的特殊地位和特殊权益，是不容皇权侵犯的；当然，司马氏皇权也不容许任何一姓士族擅自废弃。历史的结论是：只有皇权与士族"共天下"，平衡和秩序才能维持。所以，本来只是两晋之际具体条件下形成的"王与马，共天下"的暂时局面，被皇权与士族共同接受，成为东晋一朝权力结构的模式。此后执政的庾氏、桓氏、谢氏，背景虽然各不相同，但都不能违背这一原则；企图违背的人，都未能得逞。

问题是，对王导、司马睿开创的这种"共天下"的权力结构应如何评价呢？以往论者往往从专制主义中央集权政体趋向完善的角度出发，更多地去肯定汉、唐、元、明、清加强中央集权的合理性，而把东晋时期"共天下"的门阀政治视为一种变态，横加指责。似乎只有君主专制才天经地义，才有利于社会的稳定和繁荣进步，而对君主专制造成的权臣擅命，外戚、宦官专权等政治动荡以及由此带来的对整个社会经济、文化造成的破坏，仅仅视为王朝衰败的原因，却不能从政体优化、选择的视角进行反思和批判。

其实，门阀士族总揽制衡的议政模式，不失为国家政体优化选择的一种尝试，其中有很多合理因素需要肯定。这种士族合议的政体形式，其权力运行的基本程序是：由士族共同参议大政，再经皇帝（或代替幼帝摄政的皇太后）决断，然后诏令施行。如明帝（司马绍）太宁三年（325）诏："大事初定，其命惟新。其令太宰、司徒已下诏都坐参议政道，诸所因革，务尽事中。"[1] 这种政体一方面能最大限度地避免君主个人施政的随意性。如司马睿称晋王时，有关机构请求指定太子，司马睿特别喜爱次子宣城公司马裒，就想违背"立嫡立长"的原则，立司马裒为太子。如果长子司马绍属晋惠帝司马衷之流，则改立次子应是明智的选择，可司马绍从小就仁爱孝顺，喜爱文学，精通武术，礼贤下士，很能接受别人的意见。在这种条件下，仅从君主个人的好恶"废长立幼"，很容易引起皇室内部的纷争，甚至发生朝臣之间的分裂和流血。为此，王导多次劝谏说"立子以长，且司马绍又有清廉高尚的美德，不宜改革"，司马睿这才打消了夺嫡的念头。

另一方面，这种政体也能制衡权臣专擅事件的发生。如元帝司马睿晚年，王敦执政，看到太子司马绍"神武明断"，将来不易摆布，就想图谋废立，于是"大会百官，问皇太子何德可称？声色俱厉，强迫群臣表态"。中庶子温峤提出了反对意见，文武百官一致赞赏，王敦之谋因此无法实现。再如57岁即位的简文帝司马昱，在位一年而卒，长子早死，余子之中皇嗣未定。当时，桓

---

[1]《晋书》卷6《明帝纪》。

温为大司马、丞相，威震内外，司马昱临终前手诏桓温说："少子可辅即辅之，如不可，君可自取。"侍中王坦之（太原王浑之后）公开"毁诏"反对，声称"天下是宣帝（司马懿）、元帝（司马睿）的天下，而不是陛下的天下，陛下何得私与人"[①]，从而制止了桓温的夺权阴谋。

东晋建立后面临的形势是十分严峻的，除北方少数民族政权的军事威胁外，内部矛盾错综复杂，尖锐异常。而君主又多早死，幼主继立，帝位频繁易人，太后临朝称制或舅氏辅政的现象甚多。诸如此类，都很容易引起政局的混乱和动荡，但东晋王朝终究存并巩固下来，不仅有效地抵御了北方政权的南侵，而且促成了江南地区社会的稳定和经济的发展。这些成绩的取得，虽是多种因素促成，但门阀政治下的合议制衡机制也不失为一个重要原因。

东晋初建，面临的问题很多。诸如对流民的处理，对内部权力之争的处理以及如何对待北伐，光复故土等问题。身居宰辅之位的王导，对这些棘手问题将制定什么方针、采取哪些措施加以解决呢？

永嘉元年（307），王导向刚刚移镇建邺的琅邪王司马睿提出了在江东站稳脚跟的十七字建议："谦以接士，俭以足用，以清静为政，抚绥新旧。"[②]这十七个字实际上就是以后王导治理江东的施政大纲和基本方针。王导一生的政治活动，都是依此而行。

————————————

① 《建康实录》卷8《太宗简文皇帝》。
② 《资治通鉴》卷86怀帝永嘉元年条。

在这十七字中，"以清静为政"是王导施政的指导思想和原则。他曾反复多次地强调："为政务在清静""镇之以静，群情自安"。当然，"以清静为政"并非王导创见，西汉初年就提倡"治道贵清静，而民自定"[①]。实际上就是传统黄老之术的"无为而治"思想。

"无为而治"是一定历史条件下的产物。西汉初年，承秦末暴政，经济凋敝，人心不安，汉高祖刘邦实行"无为而治"，减轻封建剥削，与民休养生息，以缓和社会矛盾，尽快地恢复和发展生产。因此，尽管"无为而治"不过是巩固封建统治的一种手段，但不可否认，在特定的历史条件下，它具有一定的积极意义，符合长期战乱以后人心思安的愿望。而东晋初年，也正面临着这种局面。

西晋末年，社会动荡，八王之乱，继之少数民族南下，内乱外扰，兵连祸结，给北方社会造成巨大灾难。"至于永嘉，丧乱弥甚。雍州以东，人多饥乏，更相鬻卖，奔走流移，不可胜数。幽、并、司、冀、秦、雍六州大蝗，草木及牛马毛皆尽。又大疾疫，兼以饥馑，百姓又为寇贼所杀，流尸满河，白骨蔽野。"[②]天灾人祸，北方地区简直成了人间地狱，广大人民不得不流徙各地就食。据学者统计，当时仅见于记载的流民就达30万户，约占西晋全国总户数的1/12，占秦、雍、并、冀等州户口的二分之一。随着西晋王朝的覆灭，北

---

① 《史记》卷54《曹相国世家》。
② 《晋书》卷26《食货志》。

方流民更是潮水般地涌向江南，人数竟达百万。同时，在胡族贵族的打击下，北方士族也大批南下，史称当时"百官流亡者十八九"。因此，不仅广大农民，而且侨迁士族也希望能有一个安定的环境，得到喘息休养。

在"以清静为政"原则指导下，王导治国实行"网漏"政策。《世说新语·政事篇》刘孝标注引徐广《历记》说："王导宰辅三位国君，历尽艰难险阻，政务宽恕，事从简易，故垂遗爱之誉也。"这段话可以作为"网漏"政策的注脚。具体说，"网漏"恰与"网密"相对而言，历史经验表明，"秦网密而国亡，汉章疏（汉律分九章，此指汉律疏阔）而祚永"[①]。王导正是根据这一秦亡汉兴的历史教训和东晋初年的社会局势，制定出这一"网漏"政策。

元帝太兴元年（318）四月，王导派遣八部从事分别前往扬州所属八个郡视察时，王导为扬州刺史（扬州所属八郡：丹阳、会稽、吴郡、吴兴、宣城、东阳、临海、新安），各从事官回京后，同时晋见王导，汇报各郡郡守的得失。只有顾和（顾荣族侄）不说一句话，王导问他原因，顾和说："明公（王导）做皇帝的辅佐，宁可使渔网漏掉吞舟的大鱼，偏偏不放过小虾，何必采信这种道听途说的言论！"王导感叹不已，深以为然，故为政"务存大纲，不拘细目"。

王导死后，庾冰为相，一改昔日政策，代之以网密峻刑，结果却行不通，只好"复存宽纵"，反而把事情搞得更糟。一成一败，说明"网漏"政策是颇

---

① 《周书》卷40《乐运传》。

得人心的。有人指责王导搞的政策是"愦愦"之政，"愦愦"即糊涂，不明事理。王导自叹说："人言我愦愦，后人当思此愦愦。"

对于王导的"网漏""愦愦"之政，应如何评价？下面，我们就分章予以讨论。

第五章 ❧ 安抚江南

　　王导向司马睿提出的十七字建议，可以概括为"抚绥新旧，务在清静"这八字方针。

一、抚绥新旧

　　"抚绥新旧"的"新"，指西晋末年南渡的北方士族，又称侨姓士族，取侨寓江南之意；"旧"指江南的士族，又称吴姓士族。

　　江南士族自孙吴灭亡后，政治地位一落千丈，所谓"孙氏为国，文武众职，数量比拟天朝，一旦亡国，同于编户"。比如荆、扬二州，户口各有数十万，晋灭吴后，扬州士族连郎官也做不上，荆州长江以南各郡同样无一人能做京官，江南士族就遭到司马氏集团的歧视，和当权的司马氏皇族及北方士族存在矛盾，他们持以不合作态度就很自然了。

　　北方士族南渡的尽管很多，但毕竟寄人篱下，司马睿有一次就曾对顾荣说："寄人国土，时常怀惭。"顾荣忙说："王者以天下为家，殷商从耿迁亳，东周由镐迁洛，古来如此，愿陛下勿以迁都为念。"①司马睿的这种心态表明，他虽然接受王导的建议，注意拉拢南方士族，但主要还是以南渡士族作为立国的主干，这就必然造成南北士族之间的矛盾。在政治上，侨姓士族占据了高官显位，吴姓士族所任的官往往只有虚名并无实权。即使像顾荣、贺循这样的名士，也都只是担任一些清闲的官职。吴姓士族对于过江的"亡官失守之士避乱来者，多居显位"②，让他们来"驾驭"自己，是不能忍受的。在经济上，江南的膏壤沃土，早已为吴姓士族所占据，不论世间如何变幻，他们依旧是"牛羊掩原野，田池布千里"，"僮仆成军，闭门为市"。但侨姓士族大批南下，如颜之推所说："中原冠带，随晋渡江者百家，故江东有百家谱。"他们在"无田何由得食"的思想指导下，也必然会与吴姓士族在争夺土地和劳动力方面发生矛盾。

由此说明，要使吴姓士族真正拥戴东晋政权，形成南北士族之间力量上的平衡，还需要经过不断的磨合才能实现。正是在这种条件下，发生了周氏父子的谋叛事件。

在东晋建立以前，周玘"三定江南"，稳定了江南政局，为东晋的建立创造了条件。但周玘没有受到重用，只得了一个吴兴太守的职位。他治理吴兴颇有成效，"期年之间，境内宁谧"，司马睿虽分吴兴另立义兴郡（周玘为义兴

①《世说新语》卷2《言语篇》。
②《晋书》卷58《周顗传》。

人），以彰其功，但并不晋升其官职，这使周玘一直怀恨在心。另一方面，司马睿因"周玘宗族强盛，人情所归"，对他既惧又疑。周玘又受到南渡士族刁协的欺侮，越发耻愤交加。这时，东莱王恢也受到南渡士族的压制，心常不平。于是，周玘遂与王恢合谋，准备诛杀执政者，推周玘、广陵人戴渊（即戴若思）及诸南士秉政。不久，事机泄露，王恢逃奔于周玘，周玘乃诛杀王恢以灭口。

司马睿担心事情闹大，于是召周玘为镇东司马，未至建邺，又改任为南郡太守，半路上再改任他为军谘祭酒。周玘知道这是事泄后司马睿在捉弄他，遂忧愤而死。临死前，周玘对儿子周勰说："我是被那些伧子（南方人对北方人的蔑称）气死的，你要替我报仇，才是我的儿子！"周玘死于建兴元年（313），建兴三年（315），又发生了周勰谋叛事件。

周勰一直牢记父亲的遗言，利用吴人对南渡士族的怨望，密谋起兵。他让吴兴郡功曹徐馥假传叔父、丞相府从事中郎周札（周玘之弟）之命，以讨王导、刁协为名起兵，各地豪杰乐乱者群起响应。东吴皇帝孙皓族人孙弼在广德（今安徽广德西南）起兵，周札子周续也聚兵准备响应。

徐馥起兵后，击杀吴兴郡守袁琇，集结了数千人，打算拥戴周札为首领。周札当时因病在家，闻变后大感震惊，立即通知义兴太守孔侃。周勰知道叔父周札反对，不敢发兵。徐馥的部众发现自己陷于孤立，十分恐惧，于是攻杀徐馥。孙弼也被宣城太守陶猷所灭。余下的只剩下周续了。

司马睿拟发兵征讨，王导说："出动的军队太少，不足以消灭贼寇，出动的军队太多，则建康空虚。周续的堂弟、黄门侍郎周莚，忠义勇敢，果断而有谋略，让他单枪匹马前往，足可除续。"

周莚接命后，日夜兼程，很快到达义兴郡，在城门遇到周续，周莚说："我跟你一块儿去见郡守（孔侃），有些事要当面讨论。"周续不肯去，周莚强拖着他一起到了郡府，刚刚坐定，周莚突然变脸，对孔侃说："郡台为什么要赏给盗匪一个座位？"周续怀里暗藏一把利刃，听了这话，立刻抽刀扑向周莚。周莚高声大叫，卫兵立刻冲上去将周续诛杀。

事平之后，在王导的建议下，任命周札为吴兴太守，周莚为太子右卫率，对周勰则因周氏豪望，未敢穷追，抚之如旧。这就是说，王导为了争取南北士族之间的相对平衡，基本上是采取忍让态度。经过这次事件的教训之后，王导认识到，要想使南北士族同心勠力，共御外敌，还需要进一步争取吴姓士族的合作。

首先，王导从自身做起，从心理上消除南北士族的隔阂。他常常学说吴语，以拉近同吴姓士族之间的心理距离。《世说新语·排调篇》记载了这样一个故事：刘真长始见王丞相（王导），正值盛暑之月，王导用腹肚贴着棋盘说："何乃淘！"（刘孝标注：吴人以冷为淘）刘真长出来后，有人问他王导有什么出奇的地方，刘真长说："未见他异，唯闻作吴语耳。"

众所周知，东汉、魏、晋并都洛阳，风俗语言为天下之准则。王导身居宰辅，又是北方士族之首，学说吴语，目的显然是为了调和南北，消弭异同。正如陈寅恪先生所说："王导、刘惔（字真长）本北人，而又皆士族，导何故用吴语接之？盖东晋之初，基业未固，导欲笼络江东人心，作吴语者，亦其开济政策之一端也。"

《世说新语·方正篇》还记有王导向吴姓士族陆玩请婚一事，陆玩推辞说："小山上长不了大树，香草臭草不能放在一起，我不能开乱伦的先例。"王、陆婚姻虽未结成，却表明王导代表侨姓士族向吴姓士族作出了一种友好姿态，以调和双方关系。

其次，王导为调解南北士族矛盾，还创立"侨寄法"，以满足南北士族各自的政治、经济利益。

二、创建侨置

王导创建"侨寄法"，不仅是为了调和南北士族之间的矛盾，同时也是为了安置北方流民。

西晋末年，持续 16 年之久的"八王之乱"尚未完全止息，内迁少数民族军事贵族又起兵反晋，掀起了一场争夺北方统治权的血战，各少数民族统治者肆意烧杀掠夺，使黄河流域遭到空前惨重的破坏，造成"千里无烟爨之气，华夏无冠带之人。自天地开辟，书籍所载，大乱之极，未有若兹者也"①。北方人民的生命财产得不到起码的保障，只得离开故土，逃亡异乡，形成了历史上空前的移民浪潮。

首先，我们先从一户流民的遭遇讲起。当时，在平阳襄陵（今山西汾城）一带居住着一户姓邓的人家。家长邓攸在河东郡为官，由于其弟早死，他又收养了侄子邓绥一起生活。永嘉之乱，这一地区为羯人石勒的军队所控制。邓攸不堪受羯人奴役，趁石勒渡过泗水打仗，这一带兵力空虚之机，砍坏了自家的车辆，用牛马驮着妻子孩儿向南逃跑。谁知半路上，一家人又遇到了强盗，这些强盗都是贫苦农民被逼无路而占山为王的，只抢走了牲畜，并未伤害他们的性命。邓攸一家被迫步行，因孩子小不能走远路，邓攸只好挑着担子，一头是儿子，一头是侄子。如此行路，实在困难太多，他就和老婆商量："如果想死里逃生，必须扔掉一个孩子。我弟弟去世较早，只留下了邓绥这点骨血。想来想去，只能丢掉咱们的儿子。好在你我还都年轻，将来还会有孩子的。"老婆哭着答应了。第二天一早，他们忍痛丢下自己的孩子匆匆上路，没想到晚上刚歇脚，儿子循着足迹赶了上来。第二天，邓攸把儿子捆在树上，在儿子撕心裂肺的哭声中，含悲忍痛而去。经过三年的风雨坎坷，邓攸一家才到达江南安全地带。

两晋之际，像这样痛苦的遭遇，又何止邓攸一家！有很多流民，没等到

①《晋书》卷82《虞预传》。

达目的地，早已横尸荒野了。《晋书·刘琨传》曾讲，当时的民户"流移四散，十不存二，携老扶幼，不绝于路。及其在者（指未离家者），鬻卖妻子，生相捐弃。死亡委危，白骨横野，哀呼之声，感伤和气"。以至几十年后，东晋人仍谈虎色变。

西晋平吴后，将全国划为 19 州，后增至 21 州。除广州地处偏远，史书缺载，其余 20 州皆遍布流民的足迹。黄河流域是中华文明的发源地，也是当时社会经济最发达的区域，大量的人口主要是从这里向外流动的。流民的走向，大体上表现为向东北、西北、西南、东南四个方向呈辐射状的流动。从而在幽、冀、辽西地区，凉州地区，梁、益地区，荆、扬、江、湘地区，形成了规模大小不等的移民群。据估计，西晋末年的全国移民总数为 30 万户左右，占西晋全国总户数（377 万户）的 1/12 以上，占迁出地区总户数（约 60 万户）的 1/2 左右。如果以平均每户 5 口人计算，移民总人数约为 150 万。

北方人口迁移的主要流向是南方，即淮水、沔水以南，特别是长江以南。据谭其骧先生估算，北方人口迁到南方的总数为 90 余万，占西晋北方诸州及徐州淮北 700 万人口的 1/8，占南方人口 540 万的 1/6。[①] 我国传统习惯上是以秦岭—淮河一线作为南北的自然分界线，因此，所谓"南渡人口数"，应指渡过淮河南下的移民人数。

在这次移民浪潮中，往往以流民家庭、流民群和流民组织等形式四处流

---

① 《晋永嘉丧乱后之民族迁徙》，载《燕京学报》，1934 年，第 15 期。

动。南移的人口往往由士族率领。"中原冠带，随晋渡江者百家，故江东有百家谱"。也就是说，流民的主体多为士族或庶族地主的宗族、宾客、部曲、佃客、奴婢以及一些没有能力自保的散户。数量如此众多的流民，给所迁入地区造成极大压力，往往带来连锁反应，引起新的移民浪潮。

流民数量的剧增，是构成社会动荡不安的一大根源。流民往往与土著居民发生矛盾，政府如果处理不当，或者滥杀流民，就会激起流民的武装反抗。如王澄就曾派兵偷袭，将8000流民投进长江，从而激起流民起义。概言之，西晋末年，由于晋政府安置流民的措施不当，地方官吏乘机敲诈勒索，地主豪强抢男霸女，引起流亡各地的流民群众先后举行起义斗争。计有賨人李特在益州领导流民十余万口的起义；张昌在安陆（今湖北云梦）的起义；王如率流人在宛（今河南南阳）的起义；杜弢率流民于湘州的起义；平阳人李洪领导流人在定陵（今河南郾城西北）的起义；等等。

对东晋政权来说，如何安置好这一大批南来侨民，不仅关系到东晋政权的稳定与巩固，也关系到南北士族能否协调一致，对抗北方胡羯的军事压力。对此，王导首创"侨寄法"，以安顿北来流民，缓和南北士族的矛盾。

"侨寄法"即侨置郡县的办法，即在南方地广人稀之处设立侨州、侨郡、侨县，仍沿用北方原籍地名。侨置始于元帝大兴三年（320），当时以琅邪国（今山东半岛东南部）南渡流民侨立怀德县于建康，是这一制度的滥觞。其后，"侨州至十数，侨郡至百，侨县至数百"。侨州、郡、县的分布"皆不出荆、扬二州之域"。① 这是因为南徙至长江流域的人口最多，所以侨州郡县多集中在长江中游的政治中心荆州和长江下游的政治中心扬州附近。扬州的侨州郡县又多设置在丹阳、晋陵和广陵等郡境内，形势上可以拱卫建康。从总体上看，侨州郡县又大致分布在三条南北交通线上，即：长江上游的汉中至成都，长江中游的襄阳至江陵，长江下游的扬州至晋陵。

东晋设置的侨州有：南徐州（寄治京口）、南兖州（寄治京口，后迁广陵）、南豫州（寄治芜湖）、南青州（寄治广陵）、雍州（寄治襄阳）等。幽、冀等州不设侨州，只设侨郡、侨县。

侨州郡县的官吏都由北方士族担任，借以缓和南北士族之间的矛盾。侨人不入当地户籍，与当地土著人有所区别，即侨人（包括士族）使用白籍，而土著人则使用黄籍。黄籍因户籍使用的材料为黄纸而得名，黄纸经过染黄处理，利于防蛀，便于长久保存。南渡的北方士族不愿泯灭南北界限，他们在侨居地总打出北方家乡的名号，标榜门第，总感觉是"流寓江左，庶有旋反之期"，没有在南方定居的打算，因此，白籍最初具有临时户籍的性质。

侨民免除赋役，以示政府对流民的优待，这无疑有利于对江南地区的开发。

第一，流民的大批南下，带来了大量廉价的劳动力与先进的劳动生产技术。西晋末年以来，北方人民渡淮过江者绝大多数是劳动人民，他们来自经济

---

① 洪亮吉《东晋疆域志序》。

文化高度发达的黄河流域，拥有比较先进的生产技术和丰富的劳动经验。在农业方面，系列化的铁制生产工具与牛耕技术早已在黄河流域普遍使用；大规模的和不同功能的水利灌溉工程已多处兴建；施肥、选种、适当密植、植物保护、田间管理、土地利用等一整套农业技术日趋提高；代田法、区种法等高额丰产方法也已在部分地区推广。在手工业方面，冶铁业作坊兼营冶炼、铸造、热加工，还出现了铸铁脱炭、炒钢等生铁柔化处理工艺。有些工场规模宏大，布局合理，分工精细。纺织业创造了平纹织绢纱技术、单色提花织绮罗技术、彩色提花织锦技术以及刺绣、印绘，等等。

北方流民将黄河流域的这些先进的生产工具与技术带到长江流域，必然推动这一地区的农业、手工业生产不论在质还是在量的方面均发生显著的进步。比如在农业技术方面，南方"火耕水耨"的原始耕垦方法，自东晋以后已经退居次要地位，开始日益注重精耕细作与施肥；麦菽等北方作物开始在南方各地推广种植，果木蔬菜则南北兼备，诸品杂陈；在有些地区还试行了区种法，并开始采用轮作复种制。在手工业方面，东晋南朝时期，江南的冶铁业发展迅速，产量激增。南朝梁武帝（萧衍）时，为了阻挡魏军渡江南进，在浮山堰沉没铁器一次就达数千万斤之多；江、湖、埭、塘、堥、陂、渎、渠等水利灌溉工程，也在江南的平原与丘陵大量兴建起来，有的既可蓄水，又可排涝。水门的设计更是别具匠心，能够根据需要调节水量。这些进步是北方流民与南方土著人民共同创造的硕果，但北方流民的突出作用是不容抹杀的。

第二，流民浪潮促使汉族人民同南方少数民族人民错居杂处，促进了长江流域各民族的大融合。南方原来地广人稀，汉族人多居住在沿江滨湖的平原，少数民族人民则"所在并深阻"，彼此之间接触不多。东晋以后，由于北方人口的南迁与政治形势的变化，一方面，有不少汉族人民逃入附近少数民族地区；另一方面，更多的是少数民族来到平原，与汉民杂居，"其与夏人（汉人）杂居者，则与诸华不别"①，民族融合的程度已相当深。南方少数民族本是以农业为主，与汉民杂居后，学习汉族的先进生产技术，开发"蛮田"，产量颇丰，所谓"蛮田大稔，积谷重岩，未有饥弊"②。可见东晋时期的南方少数民族人民已经成为开发江南的一支重要力量。

当然，"侨寄法"虽然对南方的开发起了很好的作用，但同时也带来一些新的矛盾。诸如侨人不负担政府的赋税和徭役，严重影响了国家的收入，也相对加重了土著居民的负担；世家豪族占夺人口不断发展，南渡士族在南方发展田园，竭力吸收部曲、佃客，增加自己的剥削对象，民户大量流入私门，势必严重影响国家的税源和兵源；同时，侨置郡县的建立，也给南方行政区划和户籍制度带来了混乱。

但无论如何，"侨寄法"对调和南北士族的矛盾、安置北方流民、稳定南方社会秩序、巩固东晋政权来说，都是成功的。史载元帝末年，"徐州流人，

①《隋书》卷31《地理志》。
②《宋书》卷77《沈庆之传》。

辛苦经载，家计始立"，孝武帝（司马曜）时流寓之人"人安其业"。这种种成效的取得，与"侨寄法"的推行不能说毫无关系。

三、倡行节俭

东晋政权能否实现长治久安，还在于东晋初年的执政者是否能反西晋之弊，杜绝穷奢极欲的陋习，勤俭持政，进而形成一种清廉的社会风气。

我们知道，西晋灭亡的原因之一，是统治集团以豪奢相竞，不遵法度，所谓"奢侈之费，甚于天灾"。

晋武帝司马炎平吴以后，由于统治者一度比较重视发展生产，加之百姓所受赋税徭役的剥削也较三国时有所减轻，所以社会生活开始呈现出一派繁荣景象。史称，那时"牛马被野，余粮栖亩，行旅草舍，外闾不闭"，甚至"其匮乏者，取资于道旁，故于时有天下无穷人之谚"。这里难免有史家的誉美夸张之辞，但毕竟也能反映一些社会现实的影子。当时的年号为太康，故史有"太康之治"的美誉。

物质财富的增多，也刺激了统治者的贪欲和腐化。太康（280—289）之世，社会上层分子贪鄙为风，豪奢成性，荒淫放纵，残忍无度，远远超过了前代，成为这一时代的一大特点。应当说，晋武帝司马炎是开太康之世穷奢极欲风气的罪魁。

咸宁四年（278），晋武帝在一次上朝时，曾当着文武百官的面，把一件极为珍贵的"雉头裘"烧毁了。这是太医院医官程据献上来的，这件全部用野雉头毛制成的衣服是稀世珍宝，百官们看了既赞叹，又感到可惜。晋武帝这一举动，是为了让人们知道他是一个节俭的皇帝。

其实，晋武帝是一个十分荒淫、奢侈的君主。他很好色，已有的皇后、嫔妃不能满足其色欲，他先后两次下诏选天下美女入后宫。泰始九年（273），选中级以上文武官员的女儿入宫，命皇后杨艳亲自主持挑选，杨皇后只选身段修长、肌肤雪白的，而将容貌美丽的全部舍弃。晋武帝喜爱一位卞姓的美女，打算留下来，杨皇后说："卞家三代都当皇后（曹操妻、曹髦妻、曹奂妻），不能委屈她当妃子。"晋武帝大怒，于是亲自挑选，对自己满意的美女，都用黑纱在玉臂上打一个结。经过挑选，公卿级官员的女儿，封为"三夫人""九嫔"；将军、校官的女儿，封"良人"以下。

晋代宫廷嫔妃的编制是：一级"贵嫔"、二级"夫人"、三级"贵人"，以上称"三夫人"，位比三公。四级"淑妃"、五级"淑媛"、六级"淑仪"、七级"修华"、八级"修容"、九级"修仪"、十级"婕妤"、十一级"容华"、十二级"充华"，以上称"九嫔"，位比九卿。十三级"美人"、十四级"才人"、十五级"中才人"，以上位比千石。"良人"之称，始于汉代，曹魏沿用，指十二级以下嫔妃。

次年，晋武帝又选下级文武官员和普通民家女儿入宫，共有 5000 人，到皇宫集合。入选者与亲人难舍难分，在皇宫中抱头大哭，悲声传到皇宫之外。

在晋武帝选妃期间，下令"禁天下嫁娶"，经他挑选后，不合格的才可出嫁，隐瞒者要以"大不敬"罪名杀头。许多姑娘害怕入选，"多败衣瘁貌以避之"。被选入宫的姑娘，则号哭于宫中，宫中管事的怕皇帝听到哭声，就禁止她们哭泣。姑娘们反抗说："死尚且不怕，还怕皇帝知道？"晋武帝原有嫔妃数千，平吴以后又将孙皓的 5000 名宫女尽数接收过来。他整日沉溺于荒淫纵欲的生活之中，由于嫔妃太多，将近一万，每日为不知宿在哪一处才好而发愁。后来，他索性坐在羊拉的小车里，羊走到哪儿就住到哪儿。后妃宫女们为了招来羊车，就在门前沿途洒上羊爱吃的盐水，门旁挂上羊喜爱的新鲜竹叶。晋武帝因为极意声色，乃至掏空了身子，过早地丧失了性命。

晋武帝还很贪财，靠卖官鬻爵捞钱。灭吴后，晋武帝顾盼自雄，曾感慨地问司隶校尉刘毅说："你看我可以和汉代哪一位皇帝相比？"

刘毅性格耿直，直言不讳地答道："陛下跟桓帝（刘志）、灵帝（刘宏）一样。"

司马炎不服气，自我辩解说："我为政处处能克己，又有统一天下之功，怎么能和桓、灵二帝一样呢？"

刘毅揭露说："桓帝、灵帝卖官，钱入国库；陛下卖官，钱归私人。这样比较，陛下还不如桓、灵二帝呢！"

司马炎听了大笑，自我解嘲说："桓帝、灵帝时代，听不到这种直率的话，我有你这样正直的大臣，比他们好得多了。"

上有所好，下必甚焉，所谓"楚王好细腰，宫中多饿死"。皇帝崇尚淫乐奢侈，大臣官僚争相效尤，爱钱成癖。南阳人鲁褒写了一篇讽刺文《钱神论》，其中说道：

> 钱之为体，有乾坤之象，内则其方，外则其圆……亲之如兄，字曰孔方（铜钱中有一方孔）。失之则贫弱，得之则富昌……钱之所在，危可使安，死可使活；钱之所去，贵可使贱，生可使杀。是故忿争辩讼（打官司），非钱不胜；孤弱幽滞，非钱不拔（升迁）；怨仇嫌恨，非钱不解；令闻笑谈，非钱不发。洛中朱衣（都城住的达官贵人），当涂之士（朝士），爱我家兄（即钱），皆无已已（爱不释手），执我之手，抱我终始，凡今之人，唯钱而已！[1]

门阀贵族对金钱的崇拜和狂热，被描绘得惟妙惟肖！这使人想起了莎士比亚在《雅典的泰门》中也有类似的描述：

> 金子，黄黄的，发光的，宝贵的金子！只这一点点儿，就可以使

----

[1]《晋书》卷94《鲁褒传》。

黑的变成白的，丑的变成美的，错的变成对的，卑贱变成尊贵，老人
变成少年，懦夫变成勇士。

莎士比亚和鲁褒虽然所处的时代不同，但自古及今剥削者爱钱如命的本性
却是一样的。

当时，尚书和峤性爱攒钱，有"钱癖"之号，和峤、王戎爱钱但性格吝
啬，而大部分贵族官僚却是"能挣会花"，一方面对百姓拼命地掠夺，另一方
面则花天酒地，肆意挥霍。司马炎的女婿王济，用人奶喂养小猪，然后又用人
奶将猪蒸熟。这种蒸肉，味美异常，司马炎吃后甚感惊讶，问其由来，也觉得
奢侈太过。王济家用的食器都是如玉般的"琉璃器"，故有"玉食"之称。他
常常一掷千金，洛阳人多地贵，为了练习马术，王济高价买了块跑马场，周围
挖上壕沟，里面铺上编成串的铜钱，直到堆出矮墙为止，故世人谓之"金沟"。

太傅何曾"帷帐车服，穷极绮丽，厨膳滋味，过于王者"。他"日食万钱，
犹曰无下箸（筷子）处"。司马炎宴请他，何曾咽不下"国宴"级饭菜，只吃
从家中取来的美味食物。他的儿子何劭"食必尽四方珍异"，每日的饭费比何
曾增加了一倍，"以钱二万为限"。何曾死后，博士官秦秀在讨论谥号时说："何
曾骄傲奢侈，浪费的名声播扬天下。宰相是国家的重臣、臣民的表率，如果他
死后没有被贬抑，王公百官还惧怕什么？依照'谥法'名誉跟实质不符合的称
'缪'，行为淫乱放荡的称'丑'，应赐给何曾谥号'丑缪公'。"司马炎不准，

而诏赐谥号"孝"。

贵族官僚互相摆阔，最后竟闹出了石崇与王恺争豪斗富的丑剧。

石崇是功臣石苞的儿子，任荆州刺史期间靠打劫商旅致富。王恺是司马炎的舅父，有皇帝作他财产的靠山。按理应是王恺占先，谁知他远远不是石崇的对手。

石崇府第屋宇华丽，在郊外又有"冠绝时辈"的金谷园别墅。他平日"丝竹尽当时之选，庖膳穷水陆之珍"，连婢女也着锦绣、佩金翠。王恺虽然"盛极声色，穷珍极丽"，但自我感觉总有点小家子气。于是他想出一计，每日用糖浆代水洗锅。哪想石崇闻知，立刻改用白蜡烧饭。王恺用紫丝布为面、碧绫为里，做成40里长的步幛（道路两旁遮风寒、挡尘土的行幕）。石崇则用织锦花缎做50里步幛。王恺用赤石脂代替泥土涂墙（赤石脂是一种贵重的药材，它涂的墙，红红的，像蜡一样细腻、光泽）。石崇就用花椒和泥巴涂墙（花椒是一种香料，用来涂墙保暖性好，有香味，原来只有皇后住的房用，称为"椒房"）。王恺把一株二尺高的珊瑚树送给石崇看，以为这是皇帝所赐，石崇一定无法比过自己了。不料石崇随手拿起铁如意就将它打得粉碎，并叫家人搬出高三四尺的珊瑚六七盆，任由王恺挑选。王恺看了目瞪口呆，自愧不如。石崇设宴待客，煮豆粥加火即熟，冬天也有鲜韭菜酱上桌。王恺有一头好牛，无论形体还是脚力都比石崇家的强，但就是一到比赛的时候就让石崇家的牛超得远远的。王恺百思不得其解，便偷偷收买石崇家仆，得知了秘诀。原来石崇粥中的豆是预先煮好的，韭菜酱是用韭菜根加麦苗捣成的，牛跑得快，是由于石崇有个好驭手。王恺如法炮制，使石崇大为丧气，为此杀掉了泄密的家仆。

骄奢必败。在西晋豪门贵族纵情声色、纸醉金迷的时候，傅咸就上书指出："奢侈之费，甚于天灾。古代人多地少，家家都有贮蓄，因为他们节俭。而今地广人稀，反而家家贫乏，因为大家浪费。如果要想提倡节俭，就应当谴责浪费。浪费不受谴责，甚至被赞扬成一种高尚行为，浪费就没有尽头。"但像傅咸这样头脑清醒的臣僚实在少得可怜，其他人仍继续醉生梦死，比阔斗富。太康之世的这种丑恶风气，使社会财富遭到极大的浪费，也使统治阶层迅速腐败糜烂。太康之治的安定繁荣，很快被这群蛀虫糟蹋一空，代之以空前的大饥馑和由物质欲激发权力欲而引发的"八王之乱"。

王导深知"奢侈之费，甚于天灾"的道理，渡江之后，就向司马睿建议，要"俭以足用"。当时，东晋还处在草创时期，府库空虚，只有练布数千端（两丈为一端；或说六丈为一端），但卖不出去，无法用来满足政府的各项开支。王导就率先穿起练布单衣，并号召朝中大臣都穿这种衣服，一时间朝野纷纷效仿，练布的价格大增。王导就让人把库存的练布卖出，一端布竟卖到黄金一斤。

司马睿也颇能持俭为政，他初到建康，常常因为贪杯饮酒，荒废政事，王导就向他进言，司马睿遂命人把酒杯斟满，泼到地上，作为誓约，从此戒绝。

尽管这只是两件小事，但同司马炎君臣的穷奢极欲，显然有着天壤之别。

在晋末门阀士族聚敛无度、淫侈相竞的时代，王导能做到"辅相三世，仓无储谷，衣不重帛"，确实难能可贵。东晋君臣的这种简素清廉，无疑对臣民起到了良好的示范作用，在一定程度上遏制了西晋以来的淫奢之风。在王导的表率下，加之民族矛盾的空前尖锐，东晋初年的执政大臣都能以国事为重，有所作为。

四、建置学校和史官

中国自古以来就重视学校教育，据说商周时，便有庠、序一类的贵族学校，周代设有王官之学，传授"六艺"（礼、乐、射、御、书、数）。汉代以后，不仅京师设太学、地方设置郡国学，而且私学昌盛，教育的覆盖面越来越广。在封建社会，学校教育的目的主要是为了培养统治人才，端正符合封建统治需要的民风民俗。可以说，对学校教育重视与否，教育发展的程度，已经成为衡量一个王朝文明程度的标尺。

东晋建国伊始，百废待兴，王导上书司马睿，说"政治教化的根本，在于端正人伦。而人伦的端正，则在于设立庠序（学校）"。又说"自近来皇纲失统，礼教沦丧，颂声不兴，于今二纪"（一纪为 12 年，二纪 24 年，此为约数，指"八王之乱"以来）。因此建议设立学校，传授儒家经典，"使文武之道，坠而复兴"。

同年，散骑常侍戴邈也上书说："天下大乱以来，学校教育荒废。有些人说：太平日子崇尚文章，战争年代崇尚武力。这些话听起来很有道理，其实并非如此。儒家思想十分深奥，不可能仓促之间就有成就，等到太平之时，再去研究，荒废已久，就来不及了。而且，贵族子弟未必是斩将搴旗的人才，很难有从军出征的战功，如果不趁他们年纪轻轻，学习道义，实在可惜。如今，帝王大业初创，万事都要从头开始，应该坚持正道，尊儒重教，用以鼓励风化。"

由此可见，王导在丧乱之余，仍注意恢复学校、振兴教化，以为政治的根本，因此，他积极倡议"修立学校"。但由于东晋政局一直不稳定，所以学校教育也时废时兴。

王导在倡办学校的同时，还建议设置史官。他上书说："夫帝王之迹，莫不必书，著为令典，垂之无穷。宣皇帝（司马懿）廓定四海，武皇帝受禅于魏，至德大勋，等踪上圣，而纪传不存于王府，德音未被乎管弦。陛下圣明，当中兴之盛，宜建立国史，撰集帝纪，上敷祖宗之烈，下纪佐命之勋，务以实录，为后代之准。"[①]

司马睿采纳了王导的主张，于是设立史官，以干宝领国史。史官的设置，推动了东晋史学的发展。撰写纪传体史书的有修东汉史的谢沈、袁山松、张莹诸家，修晋史的有王隐、虞预、朱凤、谢沈之作。编年体史书更是蓬勃发展，

①《晋书》卷82《干宝传》。

139

治东汉史的有袁宏的《后汉纪》，三国史有孙盛的《魏氏春秋》，晋史则有干宝、邓粲、徐广的《晋纪》，习凿齿的《汉晋春秋》，孙盛的《晋阳秋》，王韶之的《晋安帝阳秋》，等等。可谓量多质优，名重当时。

在史学发展的基础上，东晋的史学评论也有所发展。东晋的史评，一类是史书作者结合史实所作的评论，往往是有感而发，与东晋的社会政治状况密切相关。干宝的《晋纪总论》就是此类史评的名篇。

干宝，字令升，新蔡（今河南新蔡）人。祖父干统，仕吴为奋武将军、都亭侯。父干莹，官至丹阳丞。干宝从小勤学，博览群书，以才器召为著作郎。因平定杜弢起义有功，赐爵关内侯。东晋初，在王导的举荐下，始领国史。后因家贫，请求出任山阴令，迁始安太守。不久，王导请为司徒府右长史，累官至散骑常侍。

干宝在论中对西晋政治进行了猛烈抨击，着重探讨了西晋灭亡的根源（见本书第三章章末引文）。

另一类史评是评论史书或史家的。或议史书体裁，如干宝、袁宏均褒美以《左传》为代表的编年体，称其为"立言之高标，著作之良模"。

史书是为统治者提供借鉴的，也能启发人的智慧，增长知识。王导正是着眼于总结西晋灭亡的教训，为东晋政权长治久安而设置史官的。他在军旅未息，百业待兴之时，就考虑到东晋王朝的安危，社会政治的治理，因而建立学校和史官，可谓深谋远虑，独具政治家的战略眼光。

　　总之，王导在"镇之以静""绥抚新旧"方针的指导下，善于在千头万绪的繁政中，抓住关系到国计民生的主要问题，总其大纲，并卓有成效，无愧于宰辅之任。当然，他还面临着另一个难题：如何对待北伐，光复故土。

第六章 ❧ 北方官民的抵抗

永嘉以后，王导辅佐司马睿之所以能在江南从容进行十余年的立国准备，而少数民族不曾渡淮南下；东晋建国前后，组织的几次北伐之所以能在初期出奇制胜、长驱北进，在很大程度上，是因为取得了北方汉族人民的有力支持。是北方官民的抗暴斗争为东晋的建立赢得了时间，为北伐扩展了空间，更为发达的中原文化的存在、延续和发展作出了贡献。

永嘉之乱以后，很多滞留在中原的汉族官民，为了抵御军事贵族的掠夺侵犯，大多占据一些形势险要的州郡以自保，如张轨据凉州，刘琨据并州，王浚据幽州。而更多的汉族人民则在少数民族政权控制区内，占据一些险山峻岭，周围修筑城墙等防御工事，据险自守，称为坞壁。史书上的名称有堡、壁、垒、营、固等，或连称为坞堡、坞壁、壁垒等。这类坞壁在东起山东，西至关中，南迄淮北的广大区域星罗棋布。后来，这些坞壁的故址，便以坞壁堡垒为名，如侯坞、赵氏坞、柏谷坞、铜壁、乞活堡、裴氏堡、苏康垒、徐嵩垒等。北方官民的这些自救斗争，在保护社会生产力，组织和发展生产，抵抗少数民族政权的武装掳掠等方面，曾起到了积极和进步的作用，也在客观上声援了东晋政权的建立和巩固。

下面，我们就略举一二，以展示北方官民的英勇斗争画面。

一、前凉——西北汉文化的中心

凉州位于河西走廊一带。甘肃河西走廊西起黄河以西，东起乌鞘岭，南倚祁连山，北面自东向西是龙首山、合黎山、马鬃山。狭长的走廊西北至疏勒河下游为止，东西长 1000 余千米，南北宽 100—200 千米。

西晋灭吴后，分天下为十九州，州设刺史，僚属有别驾、治中、从事等。西晋凉州包括敦煌、武威、张掖、酒泉、西海（今内蒙古自治区额济纳旗东南）、西平、西郡、金城八郡，辖境范围相当于今甘肃河西走廊、兰州、青海湟水流域和新疆。

"八王之乱"期间，张轨出任凉州刺史，保境安民，在相当长的时间内，为中原士大夫和人民群众提供了一个宁静的避难场所。

张轨，字士彦，安定乌氏（今甘肃平凉西北）人。家世孝廉，以儒学显。父张温仕晋为太官令，张轨因此随父居洛阳。张轨明敏好学，有器望姿仪，曾在名士皇甫谧门下当过学生。皇甫谧比他大 38 岁，师生俩却结下了深厚友谊。当时名臣张华还在世，也十分赏识张轨的学识。张华，字茂先，学识渊博，因著《鹪鹩赋》而闻名于世，晋武帝时任中书令，加散骑常侍。张华是个有学问有实权的人物，张轨因此被荐为二品官，累迁为散骑常侍、征西军司。

不久，西晋朝廷大乱叠兴，张轨知天下将乱，为保全自己家族，寻求发展自己的力量，遂向晋廷要求出任凉州刺史。惠帝永宁元年（301），张轨正式出任护羌校尉、凉州刺史。

没多久，"八王之乱"进一步发展，中原人民惨遭屠戮，西晋有生力量几乎丧失殆尽。胡羯军事贵族乘乱起兵，不断攻打洛阳。

张轨为稳定在河西的统治，到达凉州之后，首先采取的措施之一，就是笼络凉州大族。他重用当地大族宋配、阴充、氾瑗、阴澹等人，作为股肱谋主。宋配是敦煌人，曾任西平太守，文武双全，声望很高，是凉州有势力的官僚。张轨任宋配为司马，宋配成为其心腹谋主。阴充、阴澹都是敦煌大族，在凉州势力很大，故《魏书·阴澹传》载："（张）轨保凉州，阴澹之力。"氾瑗，是汉代氾胜之的后裔，张轨任之为中督护。同时，张轨还重用中原士人江琼等人，这种政治联盟，成为以姑臧（今甘肃武威）为中心的前凉政权的基础。

镇压敌对势力。这是和笼络凉州大族同时并举的。张轨初到凉州时，鲜卑反叛，寇盗纵横，张轨遂出兵攻讨，斩首万余，威震凉州。不久，鲜卑若罗拔能又反，张轨派宋配击之，斩拔能，俘十余万口。当然，张轨对汉族士族官僚的反叛也决不手软，如东羌校尉韩稚杀秦州（今甘肃天水）刺史张辅，张轨以韩稚擅杀大臣罪，遣中督护氾瑗率兵2万讨伐，迫使韩稚投降。

凉州屡遭战祸，荒凉不堪。张轨于是建立一些新郡县，使民垦荒造田、牧养牲畜。凉州自魏晋以来，一度不用货币，而以布匹代替，交易时把布匹撕成一段一段，不仅计算困难，还很浪费布料。张轨接受参军索辅的建议，恢复使用五铢钱，对凉州经济的发展作出了贡献。

张轨还在姑臧设立学校，提倡儒学，请了很多鸿学硕儒传经讲学，设置崇文祭酒一官来管理学校。在当时战乱的时代，这里成为西北汉文化的中心。著名学者有宗纤、郭荷、郭瑀、刘昞、索袭、祁嘉等。郭瑀有弟子500多人，其中通经业者80余人。他的弟子刘昞，经历了前凉（301—376）、前秦、西凉、北凉，后来仕于北魏（鲜卑拓跋氏所建），被孝文帝元宏称为"德冠前世，蔚为儒宗"①。

张轨在凉州开尊儒重教之风，此后的凉州政权在十六国时期也都很重视文化教育事业，凉州成为保存和整理中原文化典籍的一方净土。当时中原屡遭兵燹，中原官私藏书或烧或散，也有一部分被携至江南，而河西却保存了大量典籍。如宋繇私人藏书就达5000多卷。正如陈寅恪先生所说：

> 西晋永嘉之乱，中原魏晋以降之文化转移保存于凉州一隅，至北魏取凉州，而河西文化遂输入于魏。……秦凉诸州西北一隅之地，其文化上续汉、魏、西晋之学风，下开魏（北魏）、齐、隋、唐之制度，

---

① 《魏书》卷52《刘昞传》。

147

承前启后，继绝扶衰，五百年间延绵一脉。[①]

张轨在凉州一直尊重西晋朝廷，接受惠帝、怀帝、愍帝的封赐，对危在旦夕的西晋朝廷尽力提供援助。

光熙元年（306），东海王司马越迎惠帝回洛阳，张轨"遣兵三千东赴"，参加迎驾。

晋怀帝永嘉三年（309），刘渊大将王弥攻洛阳，刘聪军直逼洛阳西明门（洛阳西城南数第二门），都城告急。张轨遣北宫纯、张纂、马鲂、阴濬等率州兵赴援，北宫纯等率敢死队1000余人，趁夜出城攻击，斩刘渊征虏将军呼延颢，迫使刘聪撤退，并在河东击败刘曜。当时，洛阳的孩子们都唱道：

凉州大马，横行天下，

凉州鸲鹆，寇贼消，

鸲鹆翩翩，怖杀人。

随后，张轨又派参军杜勋送军马500匹、毯布3万匹到洛阳，以解决西晋京城吏民的饥寒问题。

洛阳失守后，愍帝司马邺在长安即位，主要依赖凉州的支援得以苟延一

---

① 陈寅恪《隋唐制度渊源略论稿》。

时。当时，西晋朝廷所能依托的只有凉、并、幽三镇，但并州刺史刘琨、幽州刺史王浚名为晋臣，实际上危难临头并不协力。因此，三镇中仅有凉州可恃。

从晋惠帝到晋愍帝，"中州兵乱，秦陇倒悬"，凉州却比较安定，所以永嘉期间长安有民谣云：

秦川中／关中之中，

血没腕／血水淹到手腕，

唯有凉州倚柱观／只有凉州靠着柱子一旁看。

凉州没有战火，中原人民逃往凉州，张轨都能妥善加以安排，可见他对凉州的经济文化发展是有贡献的。

建兴二年（314），60 岁的张轨病逝，张茂继立。西晋灭亡后，前凉继续尊奉东晋为正朔，并先后击退前赵、后赵的多次军事进攻，有力地声援了东晋政权在江南的统治。

这个政权存在了 76 年，直到 376 年才灭于前秦。

二、王浚的皇帝梦

幽州为西晋十九州之一，治所在蓟县，统辖北平郡、上谷郡、广宁郡、代郡、辽西郡及范阳国和燕国，辖地相当于今河北北部和山西东北部。幽州地处西晋北部边境，故亦为战乱所不及，王浚因此有割据幽州以图存之心。

王浚，字彭祖，太原晋阳（今山西太原南）人。父王沈，仕晋为骠骑将军、录尚书事，封博陵县公。生母是一个赵姓男人的妻子，她出身寒微，但长得很美，经常到王沈府中帮工。因为这个女子天生丽质，身段迷人，一对凤眼脉脉含情，皮肤白嫩细腻，所以王沈见到后，就与她偷情。如此一来二去，遂怀有身孕，生下王浚。王浚长到15岁时，王沈病卒。因王沈的正妻没有生养男孩，故以王浚为嗣，拜为驸马都尉。

元康初，迁东中郎将，镇许昌。贾南风幽废愍怀太子（司马遹），王浚受贾南风指使，协助黄门孙虑将太子害死，因功迁宁北将军、青州刺史。不久，又转为宁朔将军、持节，都督幽州诸军事。此时，"八王之乱"已在中原全面展开，王浚出于寻求自安的考虑，遂和少数民族豪帅结交，作为外援。为此，他把一个女儿嫁给鲜卑首领段务勿尘，把另一个女儿嫁给宇文素恕延。并上书朝廷，封段务勿尘为辽西公。

及赵王司马伦篡位，"三王"（齐王冏、成都王颖、河间王颙）起兵讨伐。此时，王浚手握重兵，却站在一旁观望风向，不表明立场，而且禁止辖区内的军民响应"三王"的号召。为此，司马颖早就想出兵击之，只是一直没有空出手来。惠帝建武元年（304），司马颖派和演出任幽州刺史，密令他谋杀王浚。

和演到任后，就跟乌桓单于审登密谋，准备在王浚出游蓟城（今北京西南）南清泉水时，伺机下手。想不到那一天突然大雨倾盆，武器弓弦都被雨水淋湿，不能发动，结果阴谋落空。经过这次波折，审登认为王浚得到了上天的保佑，敬畏之心油然而生，遂把密谋告诉王浚。王浚乃暗中部署军队，同审登结盟，并联合并州刺史司马腾，合兵包围和演，将之诛杀，自领幽州刺史。

司马颖的计划破产后，又让惠帝下诏，征王浚返回朝廷。王浚遂和段务勿尘、司马腾共同起兵，讨伐司马颖。司马颖闻知后，派北中郎将王斌、石超统兵迎战。王浚联军势如破竹，相继大败王斌、石超，乘胜南下，先锋抵达邺城（今河北临漳西南，是镇北大将军司马颖的军府所在地）。

联军兵临城下，邺城震动，文武百官纷纷逃走，士兵也四处逃散。卢志劝司马颖挟惠帝早日前往洛阳，并连夜调度，预定天色拂晓时率剩下的1.5万将士出发。可是，司马颖的母亲程太妃留恋邺城，不肯离开，他本人也犹豫不决。正在这时，王浚联军已破城而入，司马颖仓促出奔，仅率数十骑兵挟持晋惠帝逃向洛阳。

王浚联军进入邺城后，部众奸淫烧杀，掠夺抢劫，凶恶残暴，百姓死亡惨重。特别是鲜卑士兵，他们久居边陲，难得见到如此繁华的大都市，进城以后，走街串巷，看见城中女子个个皮肤白细，丰胸细腰，遂见一个抢一个，先剥光衣服奸淫调戏，然后抱到马上带走。有些鲜卑兵一时抢不到成年女子，就把未成年的少女带上，一时哭爹喊娘，悲声四起。王浚先是带兵追击司马颖，直追到朝歌（今河南淇县）才班师。待他返回涿县时，发现大多数鲜卑兵都怀拥城中女子，于是下令放还，有敢隐藏者斩首。鲜卑兵惊恐不安，竟把抢来的8000多妇女全部推进易水淹死。

永兴二年（305），东海王司马越联合东方诸藩王以迎惠帝还旧都为名，西伐司马颙（在此之前，司马颙部将张方从司马颖手中夺得晋惠帝，并挟至长安），王浚派祁弘率乌丸突骑担任前锋。及惠帝返回洛阳，迁王浚为骠骑大将军、都督东夷河北诸军事，领幽州刺史。

晋怀帝永嘉年间，王浚多次击退刘渊部将石勒的进犯。永嘉三年（309），石勒攻陷信都（冀州治所，今河北衡水市冀州区），杀冀州刺史王斌。王浚遂兼领冀州刺史，据有幽、冀二州之地，成为独霸一方的割据势力。

洛阳失守，晋愍帝的长安政权名存实亡，在北方坚持抵抗的，主要是凉州的张轨、并州的刘琨和幽州的王浚。而王浚与刘琨又各怀心腹事，不能一致抗敌，甚至互相大动干戈，以致被石勒各个击破。

王浚起初还多次派兵攻打石勒，后因刘琨遣刘希到中山（属冀州，今河北定州）招募军队，致使幽州所辖的代郡、上谷、广宁各郡很多人去投奔刘琨，遂调回攻击石勒的大军，与刘琨相拒。又引鲜卑兵助战，大破刘希。

怀帝永嘉六年（312），石勒采用谋士张宾之计，占据襄国（今河北邢台）作为根据地，直接威胁冀州的安全。王浚因派督护王昌率各军以及鲜卑段疾陆眷（段务勿尘子）、段匹磾、段文鸯、段末杯等，总计5万军马，直接攻击襄国。

段疾陆眷很快扫清襄国外围，赶制了大量攻城工具，准备一举攻破襄国。石勒将士人心动摇，十分恐惧。为此，石勒征询张宾的意见，是坚守还是出击？张宾分析说："鲜卑各部落中，段氏部落最为勇敢，而段末杯尤其凶悍，所有精锐部队都在他那里。而今，段疾陆眷已指定日期进攻襄国北城，他们从遥远的辽西南下，马不停蹄，已经非常疲惫。而又认为我们孤单微弱，不堪一击，所以戒备一定松懈。我们现在最好不采取任何行动，以示畏惧，然后暗中在北城凿开20余个洞口，等到敌人大军攻城，阵势还没有稳定时，出其不意，发动猛烈突击，直冲段末杯大营，不等他反应过来，就将他击破。段末杯一败，其他将领就会自己瓦解。"

石勒击掌称赞，派人秘密挖凿洞口。

不久，段疾陆眷开始进攻北城，石勒在城上眺望，看到很多攻城将士竟放下武器躺下来睡觉，遂下令全军从20余个洞口同时突击，直扑段末杯的大营并将他擒获。段疾陆眷闻知，大为惊骇，急行撤退。石勒战将孔苌率领大军乘胜追击，杀人如麻，尸体堆积30余里，缴获护甲战马5000余匹。

石勒以段末杯为人质，派人向段疾陆眷请求和解。段疾陆眷遂送给石勒护甲战马和金银财宝，用来交换段末杯，同意和解。石勒的部将都劝石勒诛杀段末杯，石勒说："辽西的鲜卑部落，势力强大，跟我们一向无冤无仇，只是受王浚的指使罢了。杀一个人而跟一个强大的部落结仇，此乃下策。如果将他释放，他日后一定对我们感恩戴德，不会再听王浚那一套。"遂用丰厚的金银财宝和绸缎布匹回报段疾陆眷，并让养子石虎到渚阳（今河北邢台东北）拜会段疾陆眷，与他结为异姓兄弟。段疾陆眷于是率大军撤退，王昌不能单独行动，也率军返回蓟县。

王浚的这次进攻就这样被瓦解了。

石勒在遣送段末杯之前，亲自设宴同他欢饮，并送给他十几位如花似玉的歌伎。这十几位姑娘不仅能歌善舞，而且只一夜下来，已把段末杯搞得神魂颠倒、精神萎靡。段末杯对石勒感激不尽，在归途中，每天向南方遥拜石勒三次。从此，鲜卑段氏改变立场，归附石勒，王浚的势力由此衰落。

王浚不知败亡在即，却天天梦想着做皇帝。原来，其父王沈字处道，王浚便认为谶书（神秘预言）上说的"当涂高"这句谶语，应该应验在自己身上。谶语，也称谶言，或单称谶，是一种假托神意预示人间吉凶祸福的预言，或者说是以隐语的形式对人类历史的发展进程作出先兆式的预示或启示。谶语在两汉之际特别盛行，"当涂高"全句为"代汉者当涂高"，显然这句谶语是反汉势力所编造。如西汉末年的公孙述，由于其名字"述"与"涂"同义，均可训为

"路途"，因而便以"当涂高"自居，乘乱在益州割据称帝。

按王浚的理解，"处道"的"道"与"涂"同意，指道路、路途，因此他是应神的旨意来做世间皇帝的。他的部下刘亮、王搏、高柔等都表示反对，王浚盛怒之下竟把他们诛杀。有个燕国人霍原，清廉而有志节，多次辞让朝廷的征辟。王浚向他询问关于登极称帝的事，霍原不作回答，王浚大怒，借口霍原勾结盗匪，斩首示众。搞得人心怨恐，众叛亲离。

王浚不图改弦，反而日益骄傲奢华，拒谏饰非。自己不亲自处理日常事务，只梦想着称王称帝，所任用的全是苛刻伶俐的小人，其中枣嵩（王浚女婿）、朱硕尤其贪污横暴。民间有童谣说："官府里权势煊赫，有个朱硕。十袋、五袋，都进了枣郎的口袋。"王浚又不断征粮、征税、征兵，手下将吏个个贪婪残暴，广占山泽，坏人冢墓，老百姓不堪忍受，多数叛逃鲜卑。

王浚开始的时候，主要靠鲜卑、乌桓的支持而强大起来。后来，鲜卑、乌桓先后叛他而去，加上连年蝗灾，境内百姓外逃，势力越来越虚弱。

这时，石勒已在襄国站稳了脚跟，就想出兵袭击王浚，以解除自己的后顾之忧。为探查虚实，石勒先派王子春、董肇携带大量金银财宝前往蓟城拜见王浚，并送去一封信。在信上说："我石勒，本是一个小小的胡人，遭到乱世饥荒，流离失所，困顿危难，这才逃亡冀州，战战兢兢，只求保住性命。而今，大晋国运衰微，中原无主，而殿下（指王浚）在我们本州人士中，拥有崇高的声望（王浚是并州太原人，石勒是并州武乡人），受到四方豪杰的崇拜，有资格当帝王的，不是殿下，难道还有别人？我所以不怕牺牲身躯，聚众起兵，诛杀暴君，讨平祸乱，正是为了替殿下扫除障碍。但愿殿下上应天心，下顺民意，早日登极。我奉戴殿下，就像奉戴天地父母一样。殿下如能洞察我的一片忠心，我相信会把我当作儿子一样看待。"

对这样一封让人肉麻的吹捧信，王浚不但没能识破，反而大喜过望，对王子春说："石公也是一代豪杰，据有古赵国、魏国的广大土地，却打算做我的臣属，是真是假？"

王子春说："石将军的才干和力量，完全符合殿下（王浚）的夸奖。殿下在中原身价高贵，拥有极大的声望，自古以来，胡人只能做帝王的亲信辅佐，却从来没有当帝王的。石将军并非不想当帝王，只因为帝王自有上天的安排，不是单靠智慧和力量就能取得的。即令强求夺取，也不会得到上天的保佑和臣民的拥护。项羽虽然强大，最终败于刘邦。石将军跟殿下相比，好像一个是月亮，一个是太阳。鉴古察今，把身家性命托付给殿下，这正是石将军的聪明和远见卓识，殿下有什么奇怪的。"

王浚听得心花怒放，遂派使者到襄国报聘。正巧，王浚的司马官游统，是石勒主簿游纶之兄，当时奉命镇守范阳（今河北徐水），派密使投降石勒。石勒下令诛杀密使，把人头送给王浚。这使王浚更加相信石勒的忠诚，不再疑心。

晋愍帝建兴二年（314）正月，王浚的使者随王子春一起来到襄国。石勒把他所有的精锐部队和精良的铠甲武器全部藏匿起来，只留下老弱的士卒和空虚的仓库展示给王浚的使者。而且对这位使者，石勒坚持行最大的礼节，面朝北方，向他叩拜，恭恭敬敬地接过王浚的信件。王浚送给石勒一根"麈尾"，石勒假装受宠若惊，不敢使用，而把它小心谨慎地挂到墙壁上，早晚向它叩拜，并对使者说："我不能见到王公（王浚），能见到他的赏赐，就跟见到王公一样。"送使者返归时，石勒送给他大量金银珠宝，装了满满一车。又派董肇呈送奏章给王浚，约定三月中旬，石勒亲自前往幽州，奉上皇帝尊号。

石勒又向王子春询问王浚的虚实。王子春说："幽州去年发生水灾，没有一粒谷米的收成，可王浚却囤积上百万斛粮食，对百姓的痛苦既不怜恤，也不救济。刑罚政令，苛刻暴虐，赋税差役，接连不断。忠良贤才在内离心，四方外族在外背叛，人人都知道王浚亡在旦夕，只有他自己不知道，仍然扬扬自得，丝毫都不担心，并且大兴土木，建筑高楼亭阁，设立文武百官，自认为刘邦、曹操都差他一截。"

石勒手抚桌案，笑道："王浚可以擒矣。"遂动员大军，准备突袭王浚。

当时的形势是：匈奴汉国控制着晋南、豫北、陇坂以东、太行以西地区；刘聪正派刘曜连年攻击长安；王弥部将曹嶷据有青齐；石勒据河北；刘琨占并州；王浚占幽、冀。石勒如果长驱北上攻打王浚，刘琨就可能抄他的后路，所以石勒一直犹豫未决。

张宾对石勒说："刘琨和王浚，虽然都是晋朝的官员，但势若仇敌，况且刘琨鼠目寸光，即使将军千里（襄国至蓟县的直线距离约为 360 千米）北袭，他也不会采取什么行动。将军率轻装骑兵出击，一去一返，时间不会超过 20 天，等他醒悟过来，想偷袭我们的后方时，将军早已凯旋。而且，将军还可以写一封信给刘琨，送上人质，先稳住他。刘琨一定欢喜我们被降服，而庆幸王浚的败亡。军事行动要疾如闪电，请将军不要失去时机。"

石勒听了张宾的分析，这才下决心立即采取行动。石勒大军乘夜出发，一路风餐露宿，马不停蹄。

这年三月，石勒大军抵达易水。王浚大营督护孙纬，一面派人飞报王浚，一面下令军队加强备战。王浚接到报告后，他的左右将领都说："胡人贪婪无信，定有诡计，我们应乘石勒长途跋涉，孤军深入，发动攻击。"

王浚大怒道："石公这次前来，是要拥戴我，谁再敢挑拨离间，斩首示众！"各位将领于是不敢多言。

王浚又下令准备筵席，等待拥戴他当皇帝的石勒。

石勒抵达蓟县时，守城士兵遵照王浚的吩咐，早把城门打开。石勒担心城中有伏兵，不敢贸然进城，于是先驱赶数千头牛羊入城，谎称是进献的贡品，实际上是为了堵塞大街小巷，使王浚的军队不能迅速集结。直到这时，王浚才感到有些不安，一会儿站起来，一会儿坐下，总觉得有点不对劲儿，可又一时想不出应对的办法。

正在王浚左右为难之际，石勒已率军浩浩荡荡开进城来，下令将士大肆抢掠。王浚左右的人都请求抵御，可王浚的皇帝梦还没有醒来。石勒如入无人之境，转眼之间，已进入王浚平时办公的公堂。王浚急忙来到大厅，满脸堆笑地正想说什么，石勒的卫士已把他捉住。王浚这才醒过神来，直气得脸上一会儿青，一会儿白，内心五味杂陈，真好比哑巴吃黄连，有苦说不出。石勒让人把王浚的妻子找来，让她坐在自己的腿上，一边调戏着，一边让人把王浚捆绑到面前。王浚见了这种场面，气得大骂道："胡奴，你戏弄你老子，竟这么凶狠！"

石勒微笑说："阁下高居百官之上，手握重兵，眼睁睁地看着大晋朝廷土崩瓦解，支离破碎，不但不肯救援，反而自己想当皇帝，你难道还不凶狠？而且，你任用贪官污吏，残害人民，诛杀忠良，荼毒燕国故土（幽州），这是谁的罪恶？至于你的老婆，有谁稀罕？"说完，就令左右卫士把王浚妻子摁在地上，扒光衣服，唤来几条猎狗，肆意践踏，惨叫声让人不忍耳闻，而这些"胡人"却有滋有味地欣赏着，眼看着王浚的妻子被摧残致死。

石勒又下令把王浚所属精兵一万余人抓来，一律诛杀。王浚的部将和文职人员，都纷纷来到石勒的营门请罪，只有尚书裴宪、从事中郎荀绰不肯前往。石勒派人把他们请来，问道："王浚暴虐，我兴兵诛讨，别人都来祝贺，请求宽恕，你们却跟王浚同流合污，怎么能逃脱杀戮？"

两人回答说："我们几代都在晋廷任职，蒙受大晋赐予的荣耀和俸禄。王浚虽然凶暴粗野，但毕竟是晋廷的封疆大臣，所以我们前来投靠，不敢有二心。明公（指石勒）如果不能建立恩德仁义，完全倚恃暴力镇压，我们的死正是我们的本分，为什么要逃脱？"两人也不参拜，说完站起来就走。

石勒赶忙把他们请回来，连声道歉，并用宾客的礼节相待，说："我不高兴得到幽州，只高兴得到两位先生。"遂任命裴宪为从事中郎，荀绰为参军。

石勒在蓟县停留两天，命官置将，没收王浚将领和左右官员及其亲属们的家产多达万万钱。只有裴宪、荀绰，家中不过书籍100多部，食盐、谷米各10余斛而已。

石勒返回襄国后，下令在街市上将王浚斩首。王浚这时倒是显出一些气节，大骂而死。王浚的皇帝梦，至此被石勒撕得粉碎。

我们从王浚的败亡中，似乎可以得出这样的结论：在国家生死存亡之时，个人的前途是和国家的前途紧密联结在一起的，如果不能以国事为重，而是一味图谋割据、自存，终归是要自食恶果的。

三、含冤而死的刘琨

刘琨，字越石，中山魏昌（今河北定州南）人。祖父迈，官至散骑常侍。父蕃，位至光禄大夫。刘琨少负才气，以诗赋著名。贾南风专权期间，贾谧（贾南风妹贾午之子）受宠，倚势骄纵，却很喜欢文学，刘琨乃与石崇、欧阳建、潘岳、陆机、陆云、缪征、杜斌、挚虞、诸葛铨、王粹、杜育、邹捷、左思、崔基、刘环、和郁、周恢、索秀、陈眕、郭彰、许猛、刘讷、刘舆（琨弟）等附会于贾谧，号称"二十四友"，经常到石崇的金谷涧别墅聚会，咏诗赋画，颇为时人推崇。

刘琨在"八王之乱"期间，先后依附赵王司马伦、齐王司马冏和东海王司马越，历官太学博士、从事中郎、司徒左长史。司马冏败亡后，范阳王司马虓（司马越堂兄弟）出镇许昌（今河南许昌东），任刘琨为司马。

惠帝永兴元年（304），晋惠帝被河间王司马颙部将张方挟至长安。东海王司马越联合东方诸藩王西讨司马颙，任命刘蕃为淮北护军、豫州刺史。当时的豫州刺史刘乔为司马颙亲党，出兵攻打许昌，并派其子刘祐在萧县的灵璧一线布防，阻止司马越联军西上。刘琨受命与汝南太守杜育统兵援救许昌，未至而许昌已陷，遂保护司马虓逃往河北。在这次战役中，刘琨的父母都被刘乔俘获。

刘琨抵达冀州后，说服冀州刺史温羡，让他把刺史的印绶让给司马虓。司马虓乃派刘琨前往幽州，向王浚借来突骑800人，南渡黄河，连败刘乔诸军，迎司马越挥兵西进，奉晋惠帝东返洛阳。刘琨因功受封广武侯，邑2000户。

怀帝永嘉元年（307），朝廷任命刘琨为并州刺史，加振威将军，领匈奴中郎将。

当时，匈奴刘渊、羯人石勒纷纷起兵，中原战乱不休，饥荒严重。加以东瀛公司马腾自晋阳（并州治所，今山西太原西南）转镇邺城，百姓随司马腾南

下，并州空旷，剩余的民户不足 2 万，强盗纵横，道路阻绝。刘琨沿途招募千

余人，历尽艰辛，好不容易抵达晋阳。可这时的晋阳已今非昔比，官衙府第全

被烧毁，大街小巷一片凄凉，尸体随处可见，幸存者面无人色，荆棘丛生，大

白天也有豺狼出没。刘琨于是组织民众和随行人员，砍除荆棘，掩埋死尸，重

新建起府第。由于城墙多处倒塌，一时来不及修补，所以每次强盗来攻，往往

在城里作战。

此时，刘渊已在离石（今山西离石）称帝建国，离石距晋阳不足 300 里，

随时可能来袭。刘琨以攻为守，秘密派人去离间刘渊所属的其他少数民族部

落，结果有 1 万余个部落归降了刘琨。刘渊不知刘琨的虚实，被迫在蒲子（今

山西隰县，位于离石西南 200 里处）筑城以避之。

刘琨到任不足一年，流民纷纷返回家园，其父刘蕃也从洛阳赶来，逃亡各

地的汉族士大夫投奔并州者络绎不绝，这样，刘琨在并州总算站住了脚。

刘琨在并州坚持作战，主要依赖鲜卑拓跋氏。鲜卑拓跋部原居于今内蒙古

鄂伦春自治旗西部的大兴安岭东麓，射猎游牧。东汉初年，拓跋推寅率众南下

今内蒙古呼伦贝尔市的呼伦湖区。三国末期，拓跋部内迁于定襄郡的盛乐（今

内蒙古和林格尔）。刘琨攻击匈奴铁弗部刘虎时，就向当时的拓跋首领拓跋猗

卢请求援军，拓跋猗卢派其弟拓跋弗之子郁律，率骑兵 2 万人助战，击败匈

奴铁弗部。刘琨因此跟拓跋猗卢结拜为异姓兄弟，并上奏朝廷，推荐拓跋猗卢

为大单于，封为代公，以代郡（治今河北蔚县东北）为采邑。拓跋猗卢因代郡

距盛乐太远（两地直线距离350公里），遂率众自云中南下雁门（今山西代县东北），要求改封陉北（陉岭以北）地区，刘琨无力阻止，又要依靠他为外援，遂把楼烦、马邑、阴馆、繁畤、崞县划归拓跋猗卢。

刘琨擅长招揽部众，但缺少安抚团结的能力。一天之中，有数千人前来投靠，也往往有数千人离他而去。他又一向奢侈，尤其喜爱美女和音乐。有一个河南人名叫徐润，因为精通音乐，特别受到刘琨的宠信，被任命为晋阳县令。徐润仗恃刘琨为后台，骄傲放纵，经常干预州政。刘琨护军令狐盛，屡次规劝刘琨，建议把徐润诛杀，以儆效尤，刘琨置若罔闻。徐润听说后，就找机会在刘琨面前说令狐盛的坏话，并赞美令狐盛的小妾如何漂亮，堪称当今天下第一美女。刘琨听得直淌口水，恨不得立刻把她夺来。不久，徐润又向刘琨进谗言说："令狐盛打算劝明公称帝，这不是把明公往火炉上推吗？"刘琨一气之下，就把令狐盛抓起来给杀了，并乘机将他的小妾占为己有。刘琨的母亲为此很生气，说："你不能驾驭英雄豪杰，专门铲除比你有能力的人以自安，灾祸一定会降临到我的头上。"

令狐盛的儿子令狐泥，担心刘琨不能容己，遂投降匈奴汉国，把刘琨的虚实和盘托出。汉国皇帝刘聪大为高兴，于是派刘粲、刘曜率军偷袭并州。

晋怀帝永嘉六年（312），刘琨的上党（今山西长治东北）郡守袭醇举郡投降刘聪，雁门乌桓部落又反，刘琨只好命太原郡守高乔留守晋阳，亲率精兵抵御乌桓。刘粲、刘曜在令狐泥的向导下，乘虚猛攻晋阳，高乔抵挡不住，献城出降。匈奴兵入城后，到处烧杀抢掠，横尸遍地，男尸则身首异处，老幼不免，女尸则下身裸露，血肉模糊，惨不忍睹。刘琨的父母也被令狐泥搜出来，剁成肉酱。

刘琨得到报告，火速率轻骑回援，来到城外，远远望见城内火光冲天，哭喊声回荡在空旷的原野，久久不绝，只好逃往常山（今河北石家庄西北）暂避。他一面收集残兵败将，准备反攻，一面派人向拓跋猗卢求救，拓跋猗卢遂派其子拓跋六修、侄儿拓跋普根等统众数万人为前锋，反攻晋阳，并亲率20万大军为后继。刘琨也率领所部数千人为向导，和拓跋六修一路南下，很快进至晋阳北汾水东岸，同刘曜军遭遇。两军同时发起攻击，激战半日，刘曜大败，从马背上跌下，身受七处伤，幸得部将让出坐骑，才得以身免，所部匈奴将士全部阵亡。

刘曜驰马逃过汾水，当天夜晚，就和刘粲、刘丰等带领残兵败将在夜幕的掩护下西撤。拓跋猗卢收复晋阳后，乘胜追击，又在蓝谷大败汉兵，生擒汉国镇北大将军刘丰，击杀3000余人，伏尸数百里。刘琨感激不尽，从营门口一直步行到拓跋猗卢的虎帐，要求大军继续西进。拓跋猗卢借口远道而来，人困马乏，留下马牛羊各千余头、车100辆给刘琨，然后北返。

愍帝在长安即位，诏拜刘琨为大将军、都督并州诸军事，加散骑常侍、假节。

建兴三年（315），晋愍帝封拓跋猗卢为代王，设立文武官员。拓跋猗卢向刘琨借调雁门人莫含。莫含时为刘琨从事，不愿前往。刘琨对他说："我们并州如此孤弱，而我又缺少才干，多年来，之所以能在匈奴人（刘聪）和羯人（石勒）的夹缝中生存，全靠代王的力量。我之所以竭尽性命、金银侍奉他，又让我的长子到他那里当人质，目的只求为大晋洗刷耻辱。你如果想当国家的忠臣，为什么只珍惜我们在一起共事的小节，而忘记为国捐躯的大义？委屈你去侍奉代王，做他的亲信，我们并州全靠你了。"莫含挥泪而去，果真受到器重。

不久，鲜卑拓跋部内讧，拓跋猗卢被杀，所属各族互相猜忌，不断自相残杀。左将军卫雄、信义将军姬澹，长期辅佐拓跋猗卢，众望所归，遂和刘琨子刘遵率汉人和乌桓人 3 万余家以及马牛羊 10 万余头归附刘琨，这使刘琨的势力得以重振。

建兴四年（316），石勒在袭取幽州后，为解除后顾之忧，大举进攻并州，包围乐平郡守韩据驻守的坫城（今山西昔阳东）。韩据派人向刘琨求援，刘琨因为刚得到拓跋猗卢的部众，正准备利用这支新生力量讨伐石勒，就准备出战。姬澹、卫雄劝阻说："部队虽是晋人（汉人），但长期居住塞外，对您的恩德和名望还不十分信任，恐怕难以得到他们的效忠，不如内收鲜卑人留下来的米谷，对外抄掠胡人的牛羊，并紧闭关卡，据守险要，专心推广农耕，暂时停止用兵，使人民获得休养生息。等他们对您心悦诚服之时，再率领他们开赴疆场，就可以建立功业了。"

刘琨不从，遂动员所有部队，命姬澹率步骑兵2万人为先锋，自己亲率大军进驻广牧（今山西寿阳西北），作为声援。

石勒听说姬澹即将来到，就准备出兵迎击。有人说："姬澹兵强马壮，锐不可当，不如暂时坚守营垒，以避其锋，待其锐气挫顿之后再出击，才能万无一失。"石勒说："姬澹的军队虽多，但长途跋涉而来（晋阳到坫城的直线距离将近300里），人马疲惫，有什么强壮可言？何况敌人已经逼近，我们若是撤退，如果姬澹趁机追击，我们连逃命都来不及，又怎么能挖壕增垒？不是要自取灭亡吗？"于是下令三军，在险要之地构筑阵地设防，前面设下两道埋伏。先派轻骑跟姬澹接触，佯败而退。姬澹不知是计，派兵追击，结果钻进石勒设下的包围圈，左突右冲，几乎全军覆没。姬澹、卫雄见势不妙，率领千余骑兵北逃代郡。

姬澹一败，刘琨军遂全线崩溃，韩据弃城而逃，留守晋阳的李弘也开城出降，并州尽为石勒所有。刘琨进退失据，天天东躲西藏，流窜作战，损失惨重。正在这时，幽州刺史段匹磾（王浚败死后，石勒所命刺史将幽州让给段匹磾）派人邀他前往幽州，共图大业。刘琨走投无路，只好率领残余部队，绕道飞狐谷（今河北蔚县东南），投奔鲜卑段匹磾。

同年，长安沦陷，中原大部分地区落入刘聪、刘曜和石勒手中，北方官民的抵抗斗争更加困难。

刘琨流亡到幽州后，段匹磾对他十分敬重，两人结成姻亲，歃血为盟，立晋共同辅佐偏安江南的司马睿。东晋建武元年（317）三月，刘琨派右司马温峤、段匹磾派左长史荣邵，一起携带奏章和歃血为盟的誓文前往建康，劝进司马睿称帝建国。于是段辰、段春、曹嶷、鲜卑慕容廆等河朔（泛指黄河以北）180人联名上表，支持司马睿登极。这些接受东晋封号的汉族和少数民族官员，尽管心态各异，但他们的存在，在客观上无疑是对司马睿建立东晋的一种支持，也是东晋初年几次北伐能在初期连连取胜的前提。

遗憾的是，刘琨壮志未酬，就因卷入鲜卑段氏家族的内争，而被段匹磾所杀。

晋元帝建武二年（318）正月，晋室所封辽西公段疾陆眷病卒，其子年幼，其堂弟段末柸乘机发动政变，夺取单于之位。段匹磾（段疾陆眷之弟）从幽州千里奔丧，刘琨也派世子刘群同往。段匹磾进至右北平（今河北唐山市丰润区东）时，突然遭到段末柸的攻击，大败而归，刘群也在这场遭遇战中被俘。

段末柸想利用刘琨的力量消灭段匹磾，因此对刘群特别尊敬，表示只要刘琨跟他合作，夹击段匹磾，就拥护刘琨为幽州刺史。于是，刘群便给刘琨写了一封信，由段末柸派密使送往幽州，约刘琨在城中响应。想不到密使在半路上被段匹磾的巡逻队逮捕，信也落到段匹磾的手上。

当时，刘琨驻防在蓟城附近的征北小城（征北将军府所在地），对此事一无所知。段匹磾借口议伐石勒，请他前来议事，把刘群的信拿给刘琨看，说："只因我对你丝毫没有疑心，所以才让你过目。"

刘琨心知有变，强作镇静地说："我与你共同盟誓，只求洗雪大晋的耻辱。即使我儿子的信有什么不可示人的秘密，我也不会为了一个儿子而辜负您的恩义。"

段匹磾一向尊敬刘琨，本没有杀害他的意思，只想送他回驻地。这时，他的弟弟段叔军说："我们只不过是胡人而已，汉人所以服从听命，是畏惧我们人多势众。如今，我们骨肉相残，正是汉人图谋变乱之日，如果有人尊奉刘琨起兵，我们全族的人都要被杀光。"

段匹磾遂下令将刘琨软禁起来。据《晋书》说，刘琨被软禁不久，王敦派人指使段匹磾诛杀刘琨，段匹磾遂声称接到皇帝诏书，将刘琨缢死。

刘琨自从被软禁之后，自知必死，神色自若，曾写一首五言诗给卢谌，以表露心迹。其诗云：

> 握中有悬璧，本是荆山球。
>
> 惟彼太公望，昔是渭滨叟。
>
> 邓生何感激，千里来相求。
>
> 白登幸曲逆，鸿门赖留侯。
>
> 重耳凭五贤，小白相射钩。
>
> 能隆二伯主，安问党与仇！
>
> 中夜抚枕叹，想与数子游。

吾衰久矣夫，何其不梦周？

谁云圣达节，知命故无忧。

宣尼悲获麟，西狩泣孔丘。

功业未及建，夕阳忽西流。

时哉不我与，去矣如云浮。

朱实陨劲风，繁英落素秋。

狭路倾华盖，骇驷摧双辀。

何意百炼刚，化为绕指柔。[①]

据说刘琨得知王敦派使前来时，对他儿子说："王敦有使者来而不通知我，是要杀我了。死生有命，但恨家仇国耻未雪，无颜到九泉之下去见双亲。"

刘琨死后，司马睿认为段匹磾的势力还很强大，梦想着指望他为晋室平定河朔，因此不为刘琨举行祭悼仪式。温峤上书指出："刘琨尽忠报国，家破人亡，应该褒扬抚恤。"卢谌等人也纷纷委托段末杯的使节代呈奏章，为刘琨申冤。

但一直过了好几年，东晋政府才追赠刘琨太尉、侍中等封号，谥号为"愍"。

---

① 《晋书》卷62《刘琨传》。

四、"坞壁"林立

西晋灭亡前后，北方官民的抗暴斗争可谓此起彼伏，英勇雄壮。王浚、刘琨虽然先后败亡，但更多的"坞壁"武装还在继续坚持斗争，其中尤以河南的抵抗力量最为活跃。

李矩，字世回，平阳（今山西临汾西南）人。永嘉二年（308），匈奴刘渊攻平阳，百姓到处逃亡，李矩被乡人推为坞主，东屯荥阳（今河南荥阳东北）以自守，"招怀离散，远近多附之"[1]，逐渐发展为一支劲旅，屡次击败石勒、刘聪的进攻。

愍帝建兴五年（317），汉国皇帝刘聪在灭亡西晋后，为肃清河南地区的反抗势力，派其堂弟刘畅率步骑兵 3 万余人，向屯驻荥阳的李矩发动突袭。刘畅很快进至韩王故垒，离李矩大营只有 7 里之遥，遂派使节招李矩投降。刘畅这次大军掩至，李矩毫无准备，于是派人向刘畅诈降。刘畅认为大局已定，不再戒备，并在全营大摆酒席，吃喝庆贺，将领们都喝得烂醉如泥。李矩得到报告，就决定发动夜袭，可士卒因为汉兵太多，皆有惧色。李矩乃派他的部将郭诵去"郑子产庙"祈祷，说："君昔相郑（春秋时郑国），恶鸟不鸣。凶胡臭羯，

---

[1]《晋书》卷 63《李矩传》。

何得过庭！"让巫师宣传说："神灵有话交代，到时候当遣神兵相助。"将士这才斗志高昂，踊跃争先，李矩遂命郭诵率领敢死队 1000 人，夜袭刘畅大营，斩杀数千人，刘畅仅以身免。

当时，洛阳守将赵固为刘聪所派，李矩大破刘畅时，搜出一份刘聪的密诏，命刘畅攻克李矩后，回军经过洛阳时，诛杀赵固。李矩把密诏送给赵固，赵固遂投降李矩，洛阳由此被收复。

同年，刘粲又派将军刘雅生反攻洛阳，赵固寡不敌众，退守阳城山（今河南登封东）。次年，李矩命部将郭默、郭诵等率军出援赵固，援军进至洛汭（今河南巩义市东北）后，郭诵派张皮等率精兵数千人，趁夜北渡黄河，偷袭刘粲屯驻在孟津北岸的大营。当时，刘粲派出的侦骑已发现张皮偷渡，遂向刘粲报告，可刘粲自恃兵众，说："他们听到赵固失败，连自保都来不及，怎么敢自己送上门来？不要惊动将士！"不久，张皮等已冲至刘粲的营门，分兵十路，同时并攻，刘粲大营旋即崩溃，死伤过半，刘粲退守阳乡。张皮遂占领刘粲大营，缴获的武器、物资不可胜数。天亮之后，刘粲发现张皮等部的军队并不多，于是又和刘雅生组织反攻，刘聪也派大批骑兵来援。两军苦战了 20 余天，打得难解难分，不分胜负。李矩陆续派出的援军也为汉军所阻，无法北渡。最后，张皮等无力僵持，趁夜突围。

东晋北伐将领祖约南撤后，李矩日益孤立，在刘曜、石勒的夹攻下，被迫于晋明帝太宁三年（325）率众南撤，死于途中。

郗鉴，字道徽，高平金乡（今山东金乡北）人。自少博览群书，以儒雅著名。怀帝永嘉年间，率领乡里1000余家，逃避战乱，聚保于峄山（今山东邹县东南）。

据《太平御览》卷42引《地理志》描写说："峄山在邹县北，高秀独出，积石相临，殆无壤土。石间多孔穴，洞达相通，往往如数间居处，其俗谓之峄孔。遭乱辄将居人入峄，外寇虽众，无所施害。"

郗鉴就利用这个形势险要宜于防守的地方，一面组织流民从事生产，一面坚持抗争。当时，石勒不断派兵来攻，郗鉴外无援兵，困难重重，"百姓饥馑，或掘野鼠蛰燕而食之"，但没有一个人逃走。经过三年的艰苦奋斗，部众很快扩展到"数万人"，成为一支抵御石勒南侵的重要力量。

然而，东晋司马氏和琅邪王氏之间的矛盾，此时已一触即发，忠于司马睿的纪瞻为防备王敦兵变，就假称郗鉴"有将相之材"，把他调入建康掌握禁军，去充当皇室与大族抗衡的斗士。郗鉴走后，群雁失首，"徐兖间诸坞多降于后赵"。

郗鉴和李矩先后南撤，使东晋丧失了黄河以南、淮水以北的大片土地，东晋的防线也随之撤至淮南。这可以说是东晋内争的一大恶果。此后，东晋先后组织过多次北伐，但都因为补给线太长，后援不济等原因而半途而废，真可谓是自食其果。

总之，永嘉之乱以后，像李矩、郗鉴这样的坞壁还有很多，比较著名的还有苏峻、郭默、邵续、刘遐等。可以说，凡是胡骑践踏之处，都有坞壁存在。张平割据的晋中地区有"垒壁"300余所，冀州郡县有"堡壁"百余个，关中有千余处，可谓遍地开花。

长安陷落后，这些在北方坚持抗战的将领和各地坞主继续坚持斗争，阻滞了胡羯军事贵族的进一步南侵。比如石勒曾一度南下，准备大举进攻司马睿，谋士张宾就劝他首先巩固在河北的统治，指出王浚、刘琨才是他最大的隐患。石勒深以为然，消灭王浚、刘琨以后，又用毕生的精力来攻灭各地的坞壁，花了10年时间（313—323）才征服了刘演、李恽、游纶、张豺、邵续、徐龛、曹嶷等坞主。这宝贵的10年恰为王导、司马睿组建东晋政权、平定江南赢得了时间。

第七章 『克复神州』众生相

两晋之际，各族纷纷成立政权，北方局势十分混乱，东晋的建立，应当说起到了鼓舞人心的作用，给那些挣扎在血泊之中的汉族人民打了一针强心剂。广大中原人民热切盼望东晋政权有所作为，早日组织北伐，光复故土，正所谓"晋之遗黎鹄立南望，赴义之士慷慨即路"[①]。特别是那些在北方坚持抗战的将领，更是把希望寄托在司马睿的身上，因而才会出现以刘琨为首的180名北方将领的联名上表劝进。那么，东晋初年的当政者又是如何对待北伐问题的呢？

一、南北士族对待"北伐"的心态

东晋初年，面对胡骑压境的严峻形势，身负众望的王导早在南渡不久，就亮出了"当共勠力王室，克复神州"这面大旗。史载当时很多逃到江南的北方士族，经常一起登上新亭（位于南京东南长江边上）聚会，游乐欢宴。当时，周颛刚从北方逃来，感慨地说："南北风景并没有差别，举目四顾，黄河、长

①《晋书》卷98《桓温传》。

江却有不同。"众人听了，都生出思乡之情、寄人篱下之慨，禁不住哽咽落泪。

王导严肃地说："我们当同心合力效忠王室，克复神州，何至于像一群囚犯相对而哭！"

"当共勠力王室，克复神州"遂成为王导用来团结南北士族共同辅佐司马睿进而光复中原的精神支柱和政治目标。这一口号的提出，也为东晋政权树起了北伐中原这面旗帜，使之成为争取民心、维系南北士族关系的纽带。

我们姑且不论王导此后是否将这一口号付诸行动，这一口号的提出，从当时的政局看却是积极的和进步的，因为它起到了缓和统治阶级内部矛盾、稳定民心的作用。有人说，王导此语不过设下一大骗局，掩人耳目而已，因为王导并没有真正组织过北伐。我们说，王导提出"克复神州"作为东晋立国的一项基本国策、一种名义、一个口号，主要是从政治角度出发的，是一位政治家的深谋远虑。至于是否进行北伐，何时北伐，要视具体条件而定。因为战争包括北伐战争乃是政治的延伸和继续，在准备、发动、指挥、战略决策乃至成败等许多方面都会受到政治因素和形势的制约，不能脱离具体政治形势抽象地去肯定或否定这一口号。就东晋建国前后的政治形势而言，东晋政权在江东立足未稳，并不具备进行北伐的政治力量。何况很多侨姓士族在江南营建了富贵之乡后就"乐不思蜀"了。如《晋书·列女传》载：汝南大族周颛兄弟三人渡江后，并列显位，其母李络秀在一次家宴上说："吾本渡江，托足无所，不谓尔等并贵，列吾目前，吾复何忧。"可以说，这话表达了多数南渡士族的心声。至于吴姓士族，他们对北伐从一开始就持怀疑、消极和反对的态度，因为中原的沦陷既不曾给他们带来多少损失，北伐的成功也不会使他们获得多大的好处，所以，要他们支持北伐显然是不可能的。

当然，是否进行北伐，在很大程度上还取决于司马睿的态度。士族与皇帝"共天下"这一格局，形成了东晋时期门阀士族合议制度，"宰辅执政，政出多门"，但它毕竟是君主专制体制下的合议与执政，皇帝的意志仍然在政治权力的运行中起着主导作用。那么，司马睿对北伐问题持何种态度呢？

史称司马睿只图苟安江左，"素无北伐之志"，建兴元年（313）愍帝派人令司马睿出兵攻洛阳，他借口要平定江南，"未暇北伐"[1]，加以拒绝。直至建兴四年（316）十月，刘曜攻破长安，虏愍帝北去，司马睿才装模作样地下令大军北伐，在野外扎营，自己穿上盔甲，传令四方各州郡，定期出发，实际上还是不发一兵一卒，却以漕运超过期限，耽误了出师北伐为借口，斩丞相府督运令史淳于伯以塞责。据说刽子手斩杀淳于伯后，把刀在柱上抹擦，企图拭去血迹时，刀上的鲜血忽然顺柱子而冲，把柱梢冲出二丈有余，才坠下地面，围观的人都认为淳于伯死得冤屈。这种卑劣的行径引起朝野士民的强烈不满，弄得"百姓喧哗，士女纵观，咸曰其冤"。以至连司马睿的心腹刘隗也上书为淳于伯申冤，认为"淳于伯犯的罪，不至于诛杀"。在这件冤案中，我们看不到王导是何态度，只知他事后上书司马睿，深自责备，请求解除官职。

————————————————

① 《资治通鉴》卷88，建兴元年。

晋愍帝被杀前后，祖逖北伐已推锋至黄河边，进据洛阳，而司马睿却忙于称王称帝，毫无北伐之意。南渡士族周嵩上书要求司马睿先收复旧京，"雪社稷大耻"，然后称帝。御史大夫熊远在陈时政得失的奏疏中又提出了"逆贼滑夏""梓宫未返"而"未能遣军北伐"的问题，结果周、熊二人都触犯了司马睿的忌讳，先后被贬出朝廷。

如果说祖逖要求北伐时（详后），王导、司马睿正忙于草创政权，不具备北伐的条件，那么，东晋建立后，王导为什么不能力主支持祖逖北伐呢？原因很简单，琅邪王氏同司马氏之间的斗争已悄然拉开了序幕，仍然"未暇北伐"。王导虽然有志北伐，但当本家族的利益受到侵犯时，他首先考虑的仍是家族利益，而不是国家的利益，这正是门阀制度的鄙陋所在。明乎此，就不难理解王导的言行相违，从东晋初年几次北伐的失败，也能体味出王导"克复神州"这句口号中的"含金量"。

正是因为以司马睿为首的大多数南北士族，"素无北伐之志"，所以才使东晋丧失了收复中原的大好时机。因为东晋初年，除了北方官民坚持抗战这一有利条件外，当时的北方也正陷于四分五裂之中。

二、匈奴汉国的分裂

刘渊建立的匈奴汉国，到刘聪统治时期达到了极盛，先后攻破洛阳和长安，灭亡西晋，但同时也开始走向衰乱。

刘聪虽然推翻了西晋政权，但他所能控制的地方很小。在西方，刘聪的堂弟刘曜，以车骑大将军、中山王的身份坐镇长安，盘踞关中地区；在东方，石勒以镇东大将军督并、幽二州军事的身份以襄国为根据地，割据河北一带。王弥部将曹嶷则据有青齐，"密有王全齐之心"。这些掌握军政大权的汉国命官已逐渐发展成为独立的割据势力。刘聪的实际控制区域，只限于山西西部山区和汾河河谷。

不仅辖地有限，而且刘聪的统治既残暴又荒淫。

刘聪早在杀兄继位的当年，就以单太后（刘渊继妻）年轻貌美，而把她强奸，致使单太后羞愧而死。他终日耽于酒色，荒淫无度，为恩宠皇后刘娥，特别为她兴建一座"凰仪殿"。开国老臣陈元达劝谏说：

晋王朝品德败坏，大汉（匈奴汉国）接受他们的政权，天下人民

伸长脖子，盼望能够稍稍减轻肩上的重担。所以光文皇帝（刘渊）身

穿布衣，床上不铺两层被褥；后妃不穿绫罗绸缎，御用马匹不吃粮食。

陛下登极以来，已修建了40余座宫殿，加上大军不断出征，粮草的征集和运输从没有停止，饥荒、瘟疫接连不断。陛下反而变本加厉，大兴土木，岂是做百姓父母的本意？如今，晋的残余势力西守关中，南据江表，王浚、刘琨就在我们身边窥视，石勒、曹嶷心存不轨，陛下却毫不忧虑，兴宫建殿，这岂是当务之急？我实在不敢不冒死进言。

刘聪勃然大怒，叫骂道："我身为天子，不过想盖一座宫殿，还要听你这个鼠崽子的意见！"于是喝令左右侍卫："拉出去砍头，连他的老婆孩子全拖到东街斩首，我要让他们一窝鼠崽子都死在一个巢穴。"

汉国大司徒任颛、光禄大夫朱纪等文武百官纷纷给刘聪下跪叩头，血流满面，才算保住了陈元达一家的性命。而特进綦毋达、太中大夫公师彧、尚书王琰、大司农朱诞等人却没有陈元达幸运，先后因事被杀。刘聪又因鱼蟹不供而杀左都水使者，因宫殿未建成而杀将作大匠。

刘聪宠任靳准、王沈等佞臣，把靳月光、靳月华召入后宫，封靳月光为"上皇后"，刘娥为"左皇后"，靳月华为"右皇后"。陈元达再次上书劝阻，认为"三位皇后并立，不合体制"。刘聪很不高兴，就夺了陈元达左司隶的职权。

不久，靳月光跟别人私通，陈元达上书揭发，刘聪只好把靳月光废黜。靳月光虽然品性放荡，但毕竟还是一个 20 岁左右的女人，后来羞愧自杀。刘聪每每想起靳月光的花容月貌，娇嫩的肌体，浑身散发出来的奇香，寻欢时的疯狂，竟死于陈元达的多管闲事，由此对陈元达恨入骨髓。

刘聪自从灭亡西晋后，终日不理朝政，在后宫游乐欢宴，让嫔妃们大白天也不许穿衣服，互相比美，获胜者赏给大量金银财宝。宫女们不堪忍受这般羞辱，就串通好陪他喝酒，使刘聪常常喝得酩酊大醉，有时一连三天都沉醉不醒。朝廷庶政都交给皇太子刘粲处理，只有赦免、诛杀、任官、封爵，才由王沈等进宫报告。而王沈等却乘机专擅朝政，党同伐异，自己的亲族子弟、奸邪之徒，有的几天之内就擢升为 2000 石级的高官，这些人个个贪赃枉法、残忍凶暴，把汉国境内搞得鸡犬不宁，胡汉百姓纷纷外逃。

刘聪看腻了成年女子，就设法找幼女寻求刺激，一时间，京城平阳（今山西临汾西）附近，常有十几岁的女孩子丢失，等在汾水找到尸体时，女孩的胸部、腹部、臀部往往布满牙印。后来，刘聪听说王沈有一个养女，年仅 12 岁，貌美如花，就下令把她召进宫里，正式封为左皇后。尚书令王鉴、中书监崔懿之等劝谏说："臣等听说，君王选立皇后，品德要配合天地乾坤，在世的时候祀奉皇家祭庙，去世的时候跟大地分享人间香火。所以必须选择世代有名望的家族中贤惠有美德的淑女，才能满足神明的心意。自麟嘉（刘聪年号）以来，选立皇后都不考察她们的品德，即令是王沈的侄女，也属于阉割刑余的小丑

（王沈为宦官），都不可以使她污染寝宫，何况是他家的婢女？六宫的嫔妃，都是王公贵族的女儿或孙女，怎么能让一个婢女当她们的主人？"

刘聪大怒若狂，下令将王鉴等一律诛杀。王鉴临刑前，王沈用棍棒殴打他，说："书呆子，你还能不能作恶，你老子的事，跟你有什么关系？"王鉴怒目呵斥道："贼痞，覆灭国家的，正是你和靳准这些渣滓。"

刘聪晚年更加暴虐无道，诬杀其皇太弟刘乂时，坑杀东宫卫士1.5万人，平阳街巷为之一空；氐羌叛者10余万人。汉麟嘉三年（318），刘聪终因荒淫过度放纵而死，其子刘粲继位。

刘粲即位后，以刘景为太宰、刘骥为大司马、刘颢为太师、朱纪为太傅、呼延晏为太保，并录尚书事，而靳准为大司空领司隶校尉。

当时，靳月华等虽然在名分上被尊为皇太后，但都正值妙龄，没超过20岁，刘粲遂纳为己有，日夜寻欢。匈奴旧俗，父死妻其后母，固不足为奇，但靳准却利用其女得宠于刘粲来谋夺政权。他先是诬告刘景等欲效法伊尹、霍光旧事，谋行废立，借刘粲之手诛除刘景、刘颢、刘骥等，迫使朱纪、呼延晏等西逃长安，投奔刘曜。辅政大臣尽数被铲除，靳准遂乘机发动宫廷政变，诛杀刘粲，凡刘姓皇族，不管男女老少，全部绑赴东街斩杀。又挖掘刘渊、刘聪的坟墓，砍下刘聪的人头，这或许是对刘聪先后玩弄他三位可爱的掌上明珠的一次空前报复。

靳准自号大将军、汉天王，遣使称藩于东晋。可是，当汉人北宫纯等召集部众来保卫东宫时，却被靳准的弟弟靳康攻灭。

这时，刘曜为相国、都督中外诸军事，镇守长安。听到靳准叛乱，火速从长安赶来。石勒时为骠骑大将军，幽、冀二州刺史，也从襄国率精锐 5 万人，西上讨伐靳准。

刘曜行至赤壁（在今山西河津市西北）时，正碰上从平阳逃来的呼延晏、朱纪等人，刘曜遂在赤壁即皇帝位，改元光初元年（318），任命朱纪为司徒，呼延晏为司空，其余一律官复原职。然后，派征北将军刘雅、镇北将军刘策率兵进驻汾阴，与石勒为掎角之势。并封石勒为大司马、大将军，晋封赵公，共攻靳准。

不久，靳准部下杀死靳准，推靳明为主，奉送晋的传国玉玺（六颗）向刘曜投降。石勒怒而急攻平阳，刘曜派兵迎接靳明，平阳士女 1.5 万人随靳明投归刘曜。刘曜遂斩杀靳明，靳氏男女无少长尽杀之。而石勒则纵火焚烧了平阳宫。此后，石勒与刘曜的矛盾开始激化。

次年，刘曜回军关中，正式定都于长安。立王妃羊献容为皇后，皇子刘熙为皇太子，并大封宗室诸王，改国号为赵，史称前赵（指从刘渊到刘曜的匈奴政权）。羊献容原是晋惠帝司马衷的第二任皇后，怀帝即位，尊为"惠皇后"，刘曜破洛阳时，把她强娶为妻。刘曜曾经问她："我比司马家的男人怎么样？"羊献容说："陛下是开创基业的圣明君王，而他（指司马衷）不过是个亡国白痴，怎么能跟陛下相提并论！他贵为皇帝，却连自己的妻子和儿子都不能保护，在那个时候，我实在痛不欲生，认为世上男人全都一样。然而，自从嫁给陛下之后，才知道天下原来真有大丈夫。"刘曜对她十分宠爱，羊献容劫后余生，也算落得个美好的结局。

同年，石勒在襄国称赵王，建立后赵，匈奴汉国遂一分为二。

三、后赵的崛起

后赵政权是羯族人石勒建立的。

石勒，字世龙，上党武乡（今属山西）羯族人。羯人深目高鼻，信仰祆教（拜火教），死后用火葬，主要分布于山西、河北一带。石勒是羯人小头目，但为了生活，他还得到处打短工，也当过小贩。西晋末年，并州大饥荒，老百姓饥寒交迫，可是统治者却趁火打劫。当时的并州刺史司马腾（司马越之弟），派士兵到处搜捕胡人，两个胡人套一个木枷，贩卖到山东为奴隶，一来可以充军费，二来可以中饱私囊。20多岁的石勒也被抓去，卖到山东茌平（今山东茌平西）师欢家做奴隶。师欢怕他鼓动其他奴隶造反，就把他释放了。

石勒出身游牧民族，擅长相马，结识了牧师汲桑，两人成了知心朋友。永兴二年（305），成都王司马颖的部将公师藩举兵反晋，汲桑、石勒率领几百牧人与群众前去参加。公师藩败死后，汲桑、石勒逃回茌平牧苑。不久，再次起兵，一度攻占邺城，及汲桑战死，石勒遂率余部投奔刘渊。他利用刘渊反晋之名招揽部众，积极扩大自己的势力，很快就发展到 10 余万人。

永嘉五年（311），西晋权臣东海王司马越出兵讨伐石勒，病死于项县（今河南项城南旧项城），太尉王衍等奉丧还葬东海，行至苦县（今河南鹿邑）被石勒追及，晋军自王公以下 10 余万人全被歼灭。苦县之战，石勒消灭了西晋最后一支主力部队，西晋灭亡只剩下时间问题了。

不久，石勒又配合匈奴汉国刘曜、王弥等攻破洛阳，俘晋怀帝司马炽。这时，石勒与王弥之间矛盾激化，进而发生火并。原来，王弥和石勒表面上都是刘渊的部将，内心却互相猜忌。王弥为了独霸河北，接受谋士刘暾的建议，一面征调活动于青州的部将曹嶷，共图石勒；一面邀请石勒一同向青州推进。结果刘暾行至半路被石勒部将所擒，其谋遂泄，而王弥还蒙在鼓里。

在这之前，石勒袭擒了西晋大将苟晞。王弥得知后，就假惺惺地写信向石勒表示祝贺，说：“明公（指石勒）擒获苟晞，收作部下，简直是一个奇迹。如果苟晞做你的左手，而我做你的右手，天下怎么能不平定！”

石勒阅信后，冷笑着对谋士张宾说：“王弥地位尊贵（任匈奴汉国征东大将军），而言词卑下，一定是在打我的主意。”张宾因而建议石勒，将计就计，趁王弥势力暂时衰弱之机，诱杀王弥。于是，石勒先是援助王弥击灭流民起义首领刘瑞，取得他的信任，然后在己吾（今河南睢县东南）设宴邀请王弥。王弥部下都反对王弥赴宴，而王弥不听，只带少数卫士前往。等到酒过三巡，菜过五味，大家都有点半醉时，石勒看准时机，亲自挥刀击杀王弥，并趁机吞并了他的军队，石勒由此声势更盛。

同年冬十月，石勒率兵南掠豫州，兵锋进至长江北岸，然后班师北返，驻屯葛陂（今河南新蔡北）。

永嘉六年（312），石勒在葛陂连营扎寨，倡导农业，建造船舶，准备进攻建邺。琅邪王司马睿集江东之众于寿春（今安徽寿县），以纪瞻为扬威将军，都督诸军防御石勒南下。然而，天公不作美，连绵大雨三月不停，石勒军粮不继，饥饿、瘟疫接踵而至，士卒死者超过一半。在此情况下，石勒和部下进行了一次很有意义的议论。右长史刁膺劝石勒先归降司马睿，待扫清河朔后另行计议，石勒愀然长啸而不答。中坚将军夔安劝石勒就高避水，石勒认为这太怯懦。孔苌、支雄等30余将建议："请求各率300步卒，分道并进，乘夜袭击寿春，斩杀其将，据其城池，吃其粮食，本年内定能攻破丹阳（即建邺），平定江南。"石勒笑说："这是勇将的计策。"各赏配有护甲的战马一匹。

石勒又转而询问张宾的意见。张宾说：

将军攻陷京师（洛阳），生擒天子，杀害王公，强夺王妃公主为妻妾，就是把你的头发拔下来细细地数，也数不尽将军的罪恶，怎么能做一个臣属去投降司马睿？去年杀掉王弥之后，就不应该到这个地方来。如今数百里之内大雨不止，正是警告你不应该在此地久停。

187

邺城（今河北临漳西南）有"三台"①，城池坚固，西接平阳（汉国都城），可壮声援，附近有山有河，形成自然要塞。我们应该挥兵北上，据邺城为根据地，经营黄河以北。河北平定后，天下就没有比你更强大的英雄了。晋军屯兵寿春，只是怕你攻击而已。他们听说我们离去，庆幸得以保全，何暇追击我们，而使我们不利呢？将军应先使辎重向北进发，而将军亲率大军指向寿春，做出攻击姿态，估计辎重北行已远，再慢慢班师，何必忧虑进退失据呢？

张宾的《葛陂对策》，可以说不亚于韩信的《汉中对策》，石勒听后，卷起衣袖，胡须颤动，拍案道："张先生的计谋才是正确的！"

石勒的睿智就在于懂得以当时的境况，他既不可降，也不能战，只有依张宾之计才行。也就是说，知其可为而为之，知其不可为而不为。故王夫之在《读通鉴论》中认为，石勒之智远远在王弥、刘曜之上，所以，王弥、刘曜都先后被他消灭。

石勒既从张宾之计北上，张宾又建议：邺城三台守卫犹固，宜先取邯郸或襄国（今河北邢台）为都城；并州的刘琨、幽州的王浚是眼前的大敌，应乘其防御未固，打他们一个措手不及。石勒于是进据襄国，建兴二年（314）以轻

① 三台：位于邺城西北，中央"铜雀台"，高10丈，房舍101间；南方"金雀台"，高8丈，房舍109间；北方"冰井台"，高8丈，房舍145间。曹操于210年兴建，落成之日，曾让他的儿子们一起登台，赋诗纪念。

骑袭取幽州，俘斩王浚；建兴四年（316）又攻取并州，迫使刘琨投奔鲜卑段匹碑。

东晋大兴二年（319），匈奴汉国分裂，刘曜在长安建立前赵。同年，石勒称赵王，建立后赵，不久，又出兵攻灭段匹碑，败俘青州曹嶷，尽有河北、河南之地。

前赵的刘曜和石勒为了争夺对北方的统治权进行了频繁的战争。应当说北方匈奴政权的分裂，为东晋的北伐提供了一个难得的机会，东晋如果能认真组织北伐，完全有可能将前、后赵各个击破。

四、祖逖北伐

祖逖，字士稚，范阳遒县（今河北涞水北）人。他的家人世代为2000石的官，可称范阳旧姓。祖逖幼年读书并不用功，但能帮助人，乡亲们有困难，他常用谷帛加以接济。长大后，开始博览群书，通晓古今。他与刘琨是好朋友，两人同睡一张床，每天早晨听到鸡叫，两人就起床，在庭院里舞剑练功，这就是有名的"闻鸡起舞"的故事。

洛阳失守后，祖逖率领宗族乡里南渡到江南。途中，他常把衣粮车马让给老弱病残，深得大家爱戴。祖逖到江南后，被司马睿任命为军谘祭酒，居于京口（今江苏镇江）。当时，司马睿正忙于筹建东晋，拓定江南，并未把北伐问题排上日程。祖逖看到国破家亡，就上书要求北伐：

晋室之乱，不是因为君王无道，也不是人民怨恨叛变，而是由于宗室争权，自相鱼肉，才使戎狄乘机入侵中原。如今，北方遗民遭受蹂躏，人自思奋，大王（指司马睿）如果能命将出师，让我当统帅去北伐，北方人民与郡国豪杰一定会望风响应！

但司马睿压根儿就不想北伐，而"克复神州"这面立国大旗又不能放弃，于是就给祖逖一个"奋威将军、豫州刺史"的空头头衔，又拨给他一千人的口粮和3000匹布，让他自己招募士兵去北伐。祖逖虽然既无兵卒，又无武器，但他怀着收复中原的爱国之心，于建兴元年（313）率领自己南渡时带来的部曲百余家渡江北上。当船行至长江中游，祖逖击楫（木桨）发誓说："我祖逖如果不能扫清中原的敌人，就像大江一样有去无回！"辞色壮烈，大家都深受感动。

祖逖渡江以后，驻屯在淮阴（今江苏淮安）。先在那里修筑起冶铁炉，铸造兵器，又招募到2000名将士，编成营伍，这就是他开赴北伐最前线的资本。

祖逖从淮阴向北进发，首先遇到的是黄河南岸的许多坞壁主。这些坞壁主在石勒军事力量的威慑下，或投降石勒，或观望徘徊。坞主张平、樊雅占据谯城（今安徽亳州），已归附司马睿。祖逖进至芦洲（今亳州东涡水北岸）后，派参军殷乂前往联系，殷乂瞧不起张平，看到他们的房舍，就说："可以养马。"看见一个大锅，就说："可以铸铁。"张平气愤地说："这是古物国宝，为什么一下子把它毁掉？"殷乂冷笑道："你的头都不见得能保住，还想保锅？"张平怒不可遏，遂斩杀殷乂，固守谯城，和祖逖相持一年有余。祖逖最后争取张平部将杀了张平，又使樊雅出降，才进驻谯城。不久，又打退了石虎的进攻，取得了初战的胜利。

大兴二年（319），陈留地方的坞主陈川投降了石勒，祖逖进攻陈川据守的蓬陂（今河南开封附近），石勒派兵5万援救。祖逖兵败，退到淮南郡（治寿春），石勒派桃豹守蓬陂。次年，祖逖派大将韩潜击败桃豹军，夺取了蓬陂的东台，桃豹则死守西台，双方各占领半个城，互相争战了40天，僵持不下。这时，双方的粮食都发生了困难，祖逖为了战胜敌人，就与韩潜商量出一条计策。

祖逖叫部下用许多麻袋装上土，假装是粮食，派千余士兵运上了东台，又派几个士兵搬运几袋真米，故意装作疲劳的样子，走到与桃豹军交界的路上休息。桃豹的士兵见了米争着来夺，祖逖士兵赶快逃走。桃豹的士兵抢到了米很高兴，立刻埋锅做饭。他们一边吃着香喷喷的米饭，一边谈论着祖逖军队粮食充足，士饱马腾；而自己营里早已断了粮，因而军心动摇。

石勒知道了情况，为了稳定军心，赶快派1000多头驴子组成运粮队，运送粮食接济桃豹。祖逖得到报告，立即派人在汴水北岸阻击，夺取了全部粮食。桃豹听说粮食被劫，吓得连夜逃跑。至此，祖逖北伐军已推进到黄河南岸。

前章已述及，当时河南活动着许多势力强大的坞壁主，如李矩、魏浚、郭默等。祖逖分别派人前去联系，诸坞壁主都愿意接受祖逖指挥。就这样，祖逖军在艰苦的条件下，经过3年多的战斗，依靠北方人民和部分坞壁主的支持，基本上收复了黄河以南的土地，使石勒"不敢窥兵河南"。

祖逖不仅充满爱国精神，个人也有很好的品德。他礼贤下士，能尊重和团结部下；他生活俭朴，没有什么私产，子弟也砍柴担水，参加劳动，对于在战争中死亡的将士，都收葬枯骨，加以礼祭，因而深受广大百姓的爱戴；对于坞壁主他也努力团结，有的坞壁主以前把自己的子女作为人质抵押在后赵，祖逖允许他们亲附两方，并经常派兵伴攻，以表示他们并未归附东晋，使这些坞壁主十分感动，一有什么消息就向祖逖报告。祖逖获得了百姓的拥护，父老乡亲们感激涕零，在一次酒会上作了一首歌来称颂祖逖。歌词写道：

幸哉遗黎免俘虏 / 幸运呀我们黎民免做俘虏，

三辰既朗遇慈父 / 日月星辰重放光芒遇到了慈父。

玄酒忘劳甘瓠脯 / 让我们用葫芦盛着美酒再献上一束干肉，

何以咏恩歌且舞 / 怎样来歌颂你的恩德，让我们且歌且舞吧。

祖逖又继续加强军事训练，储备军粮，为进军河北作准备。石勒深感忧虑，于是命幽州地方官重新整修祖逖家乡的祖坟，并写信给祖逖，请求互派使节和通商贸易。祖逖不写回信，但默许双方互市，收利十倍，因而公私丰赡，士马强盛。有了这个基础，就可以北渡黄河，扫清河朔。

可是，正当祖逖练兵积谷，准备继续向北进军的时候，琅邪王氏与司马氏的矛盾激化了。以王敦为首的军事集团在武昌正欲反叛，建康方面司马睿则急于调兵遣将。大兴四年（321），司马睿为抵制王敦，派戴渊为征西将军、都督兖豫幽冀雍并六州军事，出镇合肥。目的很明显，明摆着是要取代祖逖，企图把北伐军调回去打内战。在这种条件下，祖逖深感宿愿难以完成，忧愤成疾，一病不起。这年九月，祖逖忧死于雍丘（今河南杞县），时年56岁。

史称"王敦久怀逆乱，畏逖不敢发，至是始得肆意焉"[1]。果然，祖逖死后不到半年，王敦就发动叛乱，统率北伐军的祖约（祖逖之弟）遂被司马睿调回去抵抗王敦。祖约南撤，黄河以南地区又重新被石勒占领，祖逖艰苦经营的北伐事业，就这样被东晋统治集团的内争给断送了。

结合祖逖北伐的成败，我们不难看出，王导的"克复神州"不过是一句空洞的口号，它在东晋政权组建之时，或多或少起过积极的和进步的作用，但自从东晋建立后，它就质变为一个政治标签而已。朱熹说得好，"元帝与王导

---

①《晋书》卷62《祖逖传》。

原不曾有中原志。收拾吴中人情，惟欲宴安江沱耳"。又说："当是时，王导亦不爱其如此（指祖逖北伐事），使戴若思（戴渊）辈监其军，可见如何得事成！"① 可以说，在"王与马，共天下"的权力框架内，握有实权而真正以"克复神州"为念的人绝无仅有。王导他们的最高愿望，只在于保境苟安。在此以后，侨人逐渐安于南土，南北分割局面随之为人们所接受，北伐的口号也丧失了原有的意义，往往成为强臣增加权威的一种手段，因而总是得不到朝野的一致支持。

---

① 《朱子语类》卷 136。

第八章 王敦之乱

东晋统治集团内部的斗争，有侨姓士族与吴姓士族之争，有侨姓士族之间的斗争，有士族与庶族之争，情况复杂，斗争频仍。王、马之争则是士族地方势力与皇权的矛盾，也是侨姓士族之间的矛盾。

一、出镇江、荆

王敦，字处仲，是王导的从兄，晋武帝女襄城公主之夫。初拜驸马都尉、太子舍人。当时王恺、石崇正以豪侈相尚，两人斗富后来竟发展到比赛杀人的地步。先是王恺请人吃饭，令女奴吹笛助兴。女奴稍有演奏中的差错，王恺就令人将其拉下台阶打死。当时王敦、王导都在座，其他客人吓得大惊失色，而王敦却好像无事一样。

石崇宴请客人，常让美人为客人劝酒，凡客人饮酒不尽，就命人把美人当场杀死。客人看不下去，只好勉强喝尽，以至酩酊大醉。只有王敦故意不饮，美人跪在地上，双手举杯，吓得面如土灰，泪如泉涌，可王敦仍然无动于衷，视而不见，致使石崇一连杀了三个美人。王敦还振振有词："石崇杀他自家人，与我何干！"石崇家的厕所里放着香料和新衣，由几位年轻貌美的女子为排泄的客人擦洗更衣。一般客人往往不习惯有女人在一边看着排泄，或是怕羞而不愿如厕，只有王敦一切如常，并让姑娘们为他脱光衣服，扶他大小便，然后再给他换上新衣。

王导见王敦如此残忍而又不知羞耻，叹息说："处仲若是秉权，心怀刚忍，怕不会有好结果。"潘滔也说王敦"蜂目已露，但豺声未振，若不噬（咬）人，亦当为人所噬"。

惠帝永康元年（300），贾南风设圈套诬害太子司马遹，强迫惠帝将太子废为庶人，押往许昌，并规定东宫官属不许相送。王敦却跟太子洗马江统、潘滔、鲁瑶等冒死远至伊水，向司马遹哭泣送别，由此在社会上获得美名，迁任给事黄门侍郎。

"八王之乱"后期，王敦通过堂兄王衍，依投于东海王司马越。晋怀帝永嘉元年，王衍谋划"狡兔三窟"，请求司马越任命王敦为青州刺史，王澄为荆州刺史。同年，王导辅佐司马睿南抵建邺。

不久，朝廷又征王敦为中书监。当时，天下已乱，少数民族南下，王敦便把家里的百余名婢女全部赏给手下将士做妻妾，把金银财宝分给左右侍从，自己单车返回洛阳。此时，司马越控制朝权，诛杀异己，晋怀帝不过是他手中的玩物而已。司马炽即位前和中庶子缪播很要好，等司马炽被拥立为帝后，就任命缪播为中书监，缪胤为太仆卿，推心置腹。司马炽的舅父、散骑常侍王延，尚书何绥等也同时参与决策，形成一个权力中心。司马越疑心这些人会不利于己，遂从荥阳突然返回洛阳。

王敦这时并未参与权力中枢，但对司马越返京的动机看得很清楚，就对自己的亲信说："太傅（司马越）独断专行，权高势重，但他任用官员时仍上书奏请，可尚书却坚持旧有规章，加以批驳限制。今天进京，恐怕会有所行动。"不出王敦所料，司马越果然派兵闯入皇宫，当着怀帝司马炽的面，逮捕缪播等十余人，并全部诛杀。这段插曲表明，王敦在南渡之前，虽然没有什么政绩可言，但对玩弄权术这一套把戏已相当谙熟，并具有一定的洞察力。

由于琅邪王氏与司马氏的特殊关系，永嘉三年（309），王敦又被司马越任命为扬州刺史。王敦就在这一年渡江南下，开始了他对长江中上游的经营。

《晋书·王敦传》称："帝初镇江东，威名未著，敦与从弟王导等同心翼戴，以隆中兴，时人为之语曰：'王与马，共天下。'"从上述可知，王敦南下前，王导在司马睿建立江东雏形割据政权的过程中已经起了决定性的作用，实际上是这一政权的真正领袖，"朝野倾心，号为仲父"。王敦调任扬州刺史之后，主要是在军事上经营长江中游以至珠江流域，进而控制了江州、荆州、梁州、广州、交州等地，"王与马"的主弱臣强的政治格局基本奠定。司马睿只有在政治上服从王导，在军事上依赖王敦，地位才能维持。东晋建立后，王导以扬州刺史兼骠骑将军、领中书监、录尚书事诸职，居中执领了朝政；王敦则以江州刺史兼大将军、都督江荆等六州诸军事之职，在外独擅军权。这说明，王敦在东晋政权的建立过程中，所起到的作用或作出的贡献并不比王导逊色。要了解王敦之所以能独揽东晋军权，还要从他出讨华轶、镇压杜弢起义说起。

司马睿初到江东，不仅纪瞻、顾荣、周玘等江南首望不买他的账，而且一些朝廷命官也不把他放在眼里，加之荆、湘一带不断有流民起义爆发，所以江南的形势一度相当紧张。

首先跟司马睿公开对抗的是西晋命官、江州刺史华轶。华轶认为自己是朝廷所派，所以对琅邪王司马睿的命令多不接受。洛阳失守后，司空荀藩曾在密县组成临时行台，推琅邪王司马睿为盟主。司马睿借此设立朝廷机构，承制调动州郡官员。华轶和豫州刺史裴宪，遂公开对抗司马睿。司马睿乃派扬州刺史王敦和历阳内史甘卓等出兵讨伐华轶，结果华轶战败被杀。

同年（311），荆、湘一带又接连不断地发生了流民起义。原来，早在晋惠帝元康末年，略阳、天水等六郡流民大批流入巴蜀，因为不堪忍受地方官的欺压勒索，爆发了李特、李流兄弟领导的流民起义。由于流民军与官军不断攻杀，又形成新的流民潮，巴蜀流民纷纷逃到荆州、湘州。这些流民备受土著居民的侵害，心怀怨恨，李骧遂在乐乡（今湖北松滋东北）聚众起义。

当时，荆州刺史是王澄。王衍经营"三窟"，使王澄出任荆州刺史，镇江陵。王澄到任后，任命郭舒为别驾，委以州政，他自己日夜酗酒，从不过问军政业务。李骧起义后，王澄命成都内史王机出讨。李骧请求投降，王澄假意允许，受降后，又偷袭他们，将投降的流民 8000 多人全部驱逐到江中淹死，并把他们的妻子女儿作为战利品赏给官兵任意取乐。许多女子忍受不了官兵的轮番奸淫和凌辱，趁夜逃出兵营投江自尽，其他妇女被凌辱后则被卖给土人做婢女。这种惨无人道的做法，更激起了巴蜀流民的愤怒，更大规模的流民起义遂在杜弢领导下爆发了。

杜弢原是蜀郡成都人，祖父、父亲都在晋朝做过官，他也曾被举为秀才。李特起义后，杜弢流寓至南平（治今湖北公安），做过醴陵令。王澄镇压李骧起义后，蜀人杜畴等又聚众起兵。湘州参军冯素一向跟巴蜀人汝班不和，乘机向刺史荀眺挑拨说："巴蜀流民都要造反。"荀眺信以为真，就计划把流民全部杀死。巴蜀流民在荆湘间的有四五万人，听到这一恐怖消息，遂一时俱反，共推杜弢为首领。

杜弢起义后，自称梁益二州牧，领湘州刺史，率众进攻长沙（湘州治所），刺史荀眺弃城而逃，被义军追俘。杜弢遂乘胜南下，一连攻陷零陵（今湖南零陵）、桂阳（今湖南郴州），并东攻武昌（今湖北鄂城），转战于荆、湘二州，一时震动江南。

荆州刺史王澄在杜弢的攻击下，损兵折将，连遭失败，但他仍然骄傲蛮横，扬扬得意，和成都内史王机日夜饮酒、下棋，对部下的规劝充耳不闻，搞得上下离心离德。不久，王澄亲自率军攻击杜弢，屯驻作塘（今湖南安乡）。有个叫王冲的人，借机招揽部众，想推举南平太守应詹为荆州刺史。应詹视王冲为流氓无赖，拒绝跟他合作，王冲遂自任为荆州刺史。王澄大为恐慌，让杜蕤守江陵，自己移镇孱陵（今湖北公安西），旋又移驻沓中。郭舒建议说："阁下主持荆州军务，虽然没有特别的建树，但毕竟是一州人心维系的中心。现在，北收华容（今湖北监利北）之兵，足可以生擒王冲这个小丑，为什么只顾逃命？"王澄拒不接受，却想和郭舒一起东下。郭舒说："我是一州的行政首脑，不能安定人民，而使阁下逃亡，我不忍心渡过长江。"

司马睿得知荆州的情况后，征召王澄为军谘祭酒，而任命周颛为荆州刺史。

周颛走马上任，屁股还没坐稳，就有建平流民傅密聚众起兵，勾结杜弢遣兵袭击沔阳（今湖北江陵东），致使周颛陷于进退失据的窘境。正是在这种形势下，王敦以征讨都督的身份出讨杜弢。王敦坐镇豫章（今江西南昌），命武昌太守陶侃、豫章太守周访等联兵围剿杜弢。

陶侃，字士行，原是鄱阳（今江西鄱阳）人。东吴灭亡后，徙家于寻阳。父亲陶丹，仕吴为扬武将军。陶侃早年孤苦贫寒，在本县当小吏。鄱阳孝廉范达曾来看望陶侃，因来得仓促，陶侃毫无准备，他母亲就剪断头发做成两套假发用来换取酒菜。这使范达喝得很尽兴，就连他的仆人也大过所望。范达走时，陶侃把他送出100余里，范达问："你想到郡府做事吗？"陶侃说："是的，只是苦于没有门路！"范达经过庐江郡府时，就向郡太守张夔赞美陶侃。张夔因此征召陶侃为督邮（掌督察属县、检核非违），领枞阳令。张夔的妻子身患重病，需要到数百里之外去请名医。当时正值数九寒冬，郡府属吏都面有难色。陶侃说："事君如事父，小君（君之妻），好比母亲，哪有父母有病而子女不尽心的！"遂请求前往。后来，长沙郡太守万嗣经过庐江，对陶侃十分欣赏，就让自己的儿子跟他结交。

不久，张夔推举陶侃为孝廉，到京城洛阳参加考试，豫章国郎中令杨晫把他介绍给顾荣，从此陶侃知名度渐高。后随荆州刺史刘弘镇压张昌起义，刘弘对陶侃说："我从前当羊祜的参军，羊先生说我以后会坐上他的座位。现在告诉你，你也会坐上我的座位。"

陈敏之乱时，刘弘任命陶侃为江夏太守，加鹰扬将军，进驻夏口（今湖北武汉）；又命南平郡太守应詹统御长江水师，作为后援。

陶侃跟陈敏同郡，又在同一年被保举为官，随郡内史扈怀向刘弘离间说："陶侃身居大郡，手握强兵，万一怀有二心，荆州就没有了东大门。"刘弘说："陶侃忠贞干练，我早就知道，绝对没有这回事。"陶侃听说后，就派儿子陶洪、侄儿陶臻到刘弘那里做人质，以博取信任。刘弘任命二人为参军，送给他们很多礼物，让他们回去，对陶臻说："你叔父出征远行，你祖母年事已高，应由你们亲自侍奉。一介匹夫相交，还不忘恩负义，何况大丈夫！"陶侃遂与诸军合力拒敌，所向必破。后以母丧去职，寻迁为龙骧将军、武昌太守。

陶侃受命出征杜弢，首先派兵援救荆州刺史周颤，迫使杜弢退守泠口（今湖南宁远西北）。陶侃判断："杜弢一定奇袭武昌。"于是从小道赶回郡城，严阵以待。杜弢果然攻城，陶侃命朱伺等迎战，大破杜弢，杀伤甚众，杜弢逃回长沙。战后，陶侃命参军王贡向王敦告捷，王敦高兴地说："如果没有陶侃，便失荆州矣！伯仁（周颢）方入境，就被贼兵击败，真不知到哪去找刺史！"王贡回答说："鄙州刚刚经历战乱，非陶将军莫可。"王敦同意，遂上书推荐并任命陶侃为使持节、宁远将军、荆州刺史，驻防沔江。

此后，王敦统御陶侃、甘卓等又同杜弢交战数十次，杜弢将士伤亡惨重，请降而晋廷又不同意。杜弢于是写信给南平太守应詹，信中大略说："我跟阁下当年共同讨伐李骧，本是同甘共苦。后来在湘州，为了死里逃生被迫聚众自保。若能承蒙阁下念及旧日情谊，代为申诉原因，使我们得以归身正义之列，北上肃清中原，西上攻击李雄（李特子），虽死无憾。"

应詹很同情杜弢的遭遇，代转其书信于琅邪王司马睿，并说："杜弢是益州的秀才，拥有很高的声望，受到流亡乡民的逼迫。而今悔过向善，应派人安抚接纳，使荆、江人民获得休息。"司马睿乃派王运前往受降，任命杜弢为巴东监军。但陶侃等诸将仍对他不断攻击，杜弢忍无可忍，遂杀王运，反击陶侃。

建兴三年（315），陶侃收买杜弢部将倒戈，杜弢战败出逃，病死于途中。陶侃、应詹乘胜进兵长沙，湘州完全平定。

王敦以元帅首功，升任镇东大将军、加授都督江扬荆湘交广六州诸军事、兼江州刺史，封汉安侯。从此王敦擅自任命将官，权位日重。在此期间，王敦为了控制长江上游，独擅兵权，还以种种借口杀了王氏成员王澄、王棱。

王澄从小就很有名气，对王敦一向轻视，刘琨曾提醒他说："表面上看起来，你豁达大度，不拘小节；事实上你却心浮气躁，用这种方法处世，恐怕难有善终。"王澄从荆州离任后，途经豫章（今江西南昌），去拜访王敦，还像以前一样，言谈举止之间轻侮王敦。王敦大怒，诬称王澄跟杜弢有书信来往，派壮士把王澄活活扼死。

不久，另一支流民起义首领王如，由宛城（今河南南阳）南攻襄阳（今湖北襄阳），因军中缺粮而向王敦投降。当时，王敦的堂弟王棱很欣赏王如的骁勇，就请求王敦把王如拨到自己军中。王敦说："他们这种人，阴险凶悍，很难对付。而你又性情急躁，恐怕不能包容，反而会引起灾祸。"王棱一再坚持，王敦只好同意。王棱把王如安置在左右，当贴身侍卫，十分宠爱，相待优厚。后来，王如有几次和王敦的部将比赛角力射箭而发生斗殴，王棱很生气，就用军棍责打王如，这使王如深感羞辱。

王敦镇压杜弢起义后，权欲日益膨胀，王棱多次相劝，这使王敦决心除掉他。王敦秘密派人挑拨王如跟王棱的关系，勾起他心中的怒气，想借王如之手杀王棱。王如不知是计，在一次宴会上请求舞剑助兴，王棱表示同意。王如舞剑时，渐渐逼近王棱的座位，王棱很不高兴，就厉声喝阻，王如怒从心头起，应声挥剑，将王棱击杀。王敦接到报告，假装大吃一惊，下令逮捕王如，将其斩首示众。

西晋末年，北方动乱，南方也是多事之秋，不仅流民起义风起云涌，而且一些地方官吏也乘势而起，图霸一方。王敦刚刚平定湘州，荆州又发生了杜曾之乱。

早在怀帝永嘉六年（312），地方小吏胡亢就在竟陵（今湖北潜江西北）起兵，自称"楚公"，纵横荆州，任命新野人杜曾为竟陵郡太守。但胡亢性情猜忌，动辄诛杀手下将领，杜曾恐怕大祸临头，就暗中勾引王冲攻击胡亢。胡亢派所有精锐出城（竟陵）应战，城内空虚，杜曾乘机袭杀胡亢，吞并其众。

陶侃击破杜弢流民军之后，乘胜攻击杜曾。陶侃对杜曾有些轻视，司马鲁恬提醒说："古代兵书上讲，知彼知己，百战不殆，阁下的将领中，没有一个赶得上杜曾，不可轻敌冒进。"陶侃不以为然，径直包围杜曾驻守的石城（今湖北钟祥）。当时，杜曾拥兵1万余人，多半是骑兵，秘密打开城门，绕到陶侃阵地的背后，突然发起攻击，陶侃军大败，死伤数千人。

杜曾取胜后，又挥军北上，包围宛城。宛城守将荀崧势单力薄，粮食又尽，就准备派人出城，到襄阳请求援兵。他的小女儿荀灌年仅13岁，艺高胆大，亲自率领勇士数十人，趁夜翻出城墙，突围至襄阳搬回援兵。杜曾在里外夹击下，无法取胜，又率残兵一路南下。

再说，陶侃正在前线浴血奋战，背后却有人不断向王敦说他的坏话。有一个吴兴人钱凤，是王敦的亲信，他嫉妒陶侃之功，就不断在王敦左右进谗言。陶侃将回江陵，准备面见王敦进行解释，部下有人劝阻说："你会一去不返。"陶侃觉得自己问心无愧，就去见王敦。王敦果然把他留住不放，改任广州刺史，并任命自己的堂弟王廙为荆州刺史。陶侃部将郑攀等请求挽留陶侃未获准，群情激愤，遂率众 3000 余人进驻浔口，和杜曾联合攻击王廙。

元帝建武元年（317），杜曾在晋军的攻逼下请降。王廙准备从扬口垒（今湖北潜江境内）前往江陵上任，留下长史刘浚镇守扬口垒。朱伺对王廙说："杜曾是一个狡猾的巨贼，表面降服，恐怕是想引诱官军西上，然后袭击扬口垒。我军应重新部署，不可轻率出发。"王廙一向自命不凡，认为朱伺年老胆怯，对他的意见置若罔闻，遂率大军西上。

杜曾果然回师，直扑扬口垒。王廙闻知，这才命朱伺返营。朱伺刚进营门，杜曾军已将扬口垒团团包围。杜曾手下将领马隽，是晋军叛将，他的妻子一直留在扬口垒，有人主张活剥她的脸皮，拿给马隽看，以破其胆气。朱伺说："杀他的妻子，不仅不能解除包围，只能增加愤怒！"顷刻间，杜曾军已攻入营垒，朱伺身负重伤，勉强逃到船上。为躲避叛军追击，朱伺凿破船舱，使之下沉，然后在水底潜行 50 余步，才逃离虎口。

杜曾袭取扬口垒后，又在女观湖大败晋军，并乘胜直扑沔口（今武汉汉口），威震长江、沔水。

司马睿为防止杜曾东下扬州，急令豫章太守周访火速北上，截击杜曾。周访率兵 8000 挺进到沌阳（今湖北汉阳）布阵，命将军李恒在左翼督阵、许朝在右翼督阵，他自己亲督中阵。杜曾军先攻左右两翼，士气旺盛，锐不可当。

周访为稳定军心，特意在阵后射击野鸡，表示从容不迫，并下令说："一翼战败，连擂三声战鼓；两翼皆败，连擂六声战鼓。"属将赵胤率军苦战，被击溃后立刻集结，但仍然支持不住。赵胤飞马向周访告急，周访暴跳如雷，厉声斥责，命他坚持到一兵一卒。赵胤两眼冒火，回马死战，从早晨厮杀到傍晚，两翼全被杜曾突破。周访挑选出800人的敢死队，准备作最后冲击，然后就坐进虎帐喝起酒来，下令不准随意行动。杜曾军不断冲锋，直冲到距虎帐约30步时，周访才亲自擂响战鼓，将士们踊跃而出，迎头痛击，无不以一当十，以十当百。杜曾军连续作战，早已精疲力竭，霎时被反击得人仰马翻，死伤1000余人。周访命令乘夜追击，不给敌人喘息之机，诸将领请求等到天明，周访说："杜曾骁勇善战，不可轻视。刚才因为他们过度疲劳，而我们还是生力军，所以取胜。我们必须趁他们衰弱，才能一举歼灭。"战鼓声中，周访率军一路西进，遂平定长江、沔水之间地带。

周访因功迁为梁州刺史，进驻襄阳，继续围剿杜曾。元帝太兴二年（319），杜曾部将马隽内叛，生擒杜曾投降，周访斩杀杜曾，荆州至此全部平定。

最初，王敦担心杜曾凶悍，不容易制服，曾对周访说："如果能擒住杜曾，当推荐你主持荆州。"等到杜曾被杀，王敦却不实践诺言。后因王廙滥施淫威，搞得荆州群情怨愤，元帝司马睿不得不召回王廙，改任周访为荆州刺史。王敦忌惮周访的威名声势，而又不能抗拒诏书，正在为难，从事中郎郭舒献计说："本州虽然荒芜残破，却是兵家必争的军事重地，如果假手与人，将形成尾大不掉的祸患，你应该自己兼任，周访任梁州刺史（当时梁州治所设在湖北襄阳）已经够了。"王敦深以为然，遂扣押诏书，秘密派人进京，请王导讽喻司马睿改任自己为荆州刺史。

不久，元帝司马睿下诏：加授王敦为荆州刺史；擢升周访为安南将军、梁州刺史依旧。王敦为此还亲笔写信向周访解释，并赠送玉环、玉碗，表示诚意（"环"暗示"归还"，"碗"暗示"完整"，意为自己暂借荆州，日后将"完璧归赵"）。周访大为愤怒，把玉环、玉碗摔在地上，说："我岂是做生意的商贩，看见宝物就高兴？"从此跟王敦隔阂日深，暗中有图谋王敦的意图。

梁州治所设在襄阳（今湖北襄阳），位于荆州境内。襄阳居沔水（即汉水）上游，是荆州的北大门，战略地位十分重要。周访在襄阳推广农耕，加强军事训练，郡守、县令出缺时，都先行补任，然后报告。王敦深为恼火，但又畏惮其强，所以对周访是既惧又恨，无可奈何。

再说陶侃被王敦夺了荆州兵权，南下就任广州刺史，没等到任，广州又发生了王机之乱。王机原是王澄的部下，王机的父亲王毅、兄王矩均做过广州刺史。王澄被杀后，王机恐怕大祸临头，于是向王敦请求出任广州刺史，王敦不准。正巧，广州所属将领们背叛刺史郭讷，奉迎王机出任。王机遂带领家奴、宾客、门生等1000余人南下广州，郭讷派军阻止，可众将领都是王机父兄的旧部，不仅不去阻截，反而归降王机。郭讷被迫辞职，王机继领广州。

愍帝建兴三年（315），交州（治所龙编，今越南河内）刺史顾秘死，州府官员推举顾秘子顾寿代理州刺史，而帐下督（州府侍卫武官）梁硕却率军背叛，击杀顾寿，控制交州。这时，广州刺史王机深知自己刺史一职出于强取，一直担心王敦派兵征讨，为缓和对立气氛，于是向王敦请求调任交州。事也凑巧，流民首领杜弢失败后，其部将杜弘南逃至广州，向王机投降。王敦运筹帷幄，想利用王机消灭梁硕，于是顺水推舟，以王机收降杜弘之功，任命王机为交州刺史。王机进至郁林（今广西桂平西南）时，梁硕派兵阻截，使王机无法前进，王机遂跟杜弘、温劭等商议，决定返回广州。

新任广州刺史陶侃南下至始兴（今广东韶关东南）后，随行人员都劝他暂时住在始兴，观察局势的动向再作决定。陶侃不理，直抵广州。这时，各郡县已纷纷派出使节，前往迎接王机。杜弘想偷袭陶侃，于是遣使伪降。陶侃知其伪诈，遂将计就计，乘虚出击，大破杜弘军，一直追至小桂。另派督护许高讨伐王机，王机逃亡，死于途中。不久，杜弘也向王敦投降，广州完全平定。

陶侃平定广州后，政务清闲，没有特别大事，总是在早晨把100块砖从书房搬到院子里，晚上再把那100块砖从院子搬回书房。有人问他缘故，陶侃笑道："我正要为收复中原贡献力量，如果生活过分安逸，到时候恐怕不能承担重任，所以要锻炼自己。"

这样，王敦从永嘉三年（309）受命出征，总督长江上游军事，至晋元帝大兴二年（319），先后讨平华轶、杜弢、王机、杜曾，平定荆、江、湘、广诸州，功业积累，造成了凭陵晋室的形势。同时，王敦在经营荆湘诸州的过程中，嫉贤妒能，压制陶侃、周访等著名将领，也在客观上造就了牵制自己的敌对力量。

二、祸起萧墙

"王与马，共天下"的政治格局，是特定历史条件下的产物。琅邪王司马睿于"八王之乱"后期，受东海王司马越的派遣，出镇建邺。西晋咸宁（武帝司马炎年号，275—279）定制，琅邪本为大国。但是由于"八王之乱"中政局变化的结果，南渡时的琅邪王，与"八王之乱"中的诸王相比，权轻众寡，不可同年。司马睿以旁支弱藩而又"寄人国土"，本来不具备继统的资格，只是由于两京陷落，怀帝、愍帝被掳，武帝、惠帝嫡属尽死于难，晋室在北方已无立足余地，才使僻远的江东成为正朔所在之地。琅邪王以际遇而得帝位，并没有法统、实力、功劳可凭借，因而也不可能拥有强大的皇权。

但"共天下"的政治格局形成后，必然首先遇到来自皇权的挑战。

东晋初建，王导为丞相，执政于朝内，又领扬州刺史。扬州是京畿所在，为立国的根本，三吴（吴郡、吴兴、会稽）地区又是重要经济区，国家赋役主要依靠这里。王敦为镇东大将军、都督江扬荆湘交广六州诸军事、荆州刺史，镇武昌。荆州乃"甲兵所聚"，位居扬州上游，战略地位重要，既可以拱卫建康，又可能变成直接威胁建康的因素。王氏其他成员布满朝廷和地方，都高居显位。加以王敦是个居功自傲而又专横跋扈的人物，这就不能不引起司马睿的不满。

司马睿要加强皇权，改变主弱臣强的局面，首先必须突破"王与马"的政治格局。为此，司马睿在思想上推崇申不害和韩非子的学说，作为加强专制君权的依据。申不害是战国时期郑国人，崇尚"术"（权术），即君主控制臣民的权术，韩非是战国后期法家的集大成者，他把申不害的"术"和商鞅等人强调的"法"、赵人慎到主张的"势"（权势）结合起来，建立起一套完整的法家思想体系，为君主专制的中央集权制度提供了理论依据。韩非子的这套学说大受秦始皇的青睐，但秦亡之后，已经再也没人公开打出韩非的法家理论的旗号。如今，司马睿重提申韩之学，显然是在给南北士族下点毛毛雨，表明他已经不能容忍"共天下"的格局了。

在行动上，司马睿提拔重用刘隗、刁协、周顗、戴渊等南北二、三流大族人物，而疏远王导、防范王敦。

刘隗，字大连，彭城（今江苏徐州）人，汉楚元王刘交的后代。起家秘书郎，避乱渡江，司马睿镇建邺，用以为从事中郎。司马睿称帝，任命刘隗为御史中丞，历官丹阳尹，"与尚书令刁协，并为元帝所宠，欲排抑豪强，诸刻碎之政，皆云隗、协所建"。[1]

---

[1]《晋书》卷69《刘隗传》。

刁协，字玄亮，渤海饶安（今河北盐山西南）人。父亲刁攸，晋武帝时曾任御史中丞。刁协曾任本郡中正、颍川太守，避难渡江后，司马睿用为镇东军谘祭酒；司马睿称帝，任为尚书左仆射，后迁尚书令。"时朝廷草创，宪章未立，朝臣无习旧仪者，协久在中朝，谙练旧事，凡所制度，皆禀于协焉，深为当时所称许"。但刁协性情刚悍，"每崇上抑下，故为王氏所疾"[①]。

戴渊，字若思，广陵（今江苏扬州）人，父祖曾仕于东吴，父亲戴昌，为会稽太守。戴渊为司马睿镇东右司马，参与镇压杜弢等起义。东晋既建，历任中护军、护军将军、尚书仆射等官。

周𫖮，字伯仁，汝南（治今河南息县）人，安东将军周浚之子。起家秘书郎，随司马睿渡江，用为吏部尚书、尚书左仆射。周𫖮从少年时就有很大名气，后更"以雅望，获海内盛名"。但他喜欢豪饮，颇以酒失德，任尚书仆射时，略无醒日，时人号为"三日仆射"。王导表面上很看重周𫖮，"尝枕𫖮膝而指其腹：'卿此中何所有也？'答曰：'此中空洞无物，然足容卿辈数百人。'导亦不以为忤"。

刘隗、刁协、戴渊、周𫖮等，为晋元帝司马睿所亲信，想利用他们以抗拒王氏特别是手握重兵的王敦。刘隗认为："王敦威权大盛，终不可制，劝帝出腹心以镇方隅。"大兴四年（321），司马睿以戴渊为征西将军都督司兖豫并冀雍六州诸军事，镇合肥；刘隗为镇北将军都督青徐幽平四州诸军事，镇泗口

---

① 《晋书》卷69《刁协传》。

（今江苏淮安西南）。戴渊、刘隗的出镇，名义上是为了防止北寇，实际上是为了抗拒王敦。

在这种形势下，琅邪王氏与司马氏之间的矛盾就不可避免地激化了。因为司马睿的所作所为，不仅触犯了琅邪王氏的既得利益，而且也势将打破"王与马，共天下"这种士族与皇权以及士族之间的均势，所以也为南北士族所不容。

司马睿信重刘隗、刁协等，在朝压抑王导，王导心甚不平。《王导传》说他顺应当时的政治形势，严守本分，态度淡泊，并不在意，有见识的人都称赞他能屈能伸。这似乎是说王导跟王敦之乱没有关系。其实不然，《王敦传》载王导遗王含书，其中云："昔年佞臣乱朝，人怀不宁，如导之流，心思外济。"这段独白是王导当时内心世界的自然流露，即便说王导在此没有承认与王敦同谋，起码说明他是支持王敦"清君侧"的。

其余南北大族除少数人坚决拥护司马睿之外，大多持以观望态度。如镇守襄阳的甘卓就是如此。甘卓，字季思，丹阳（治今江苏南京）人，是秦国丞相甘茂的后人。父祖均仕于东吴。甘卓早年参与陈敏之乱，后降周玘，共平陈敏之乱。司马睿南渡后，历任扬威将军、历阳内史、豫章太守。梁州刺史周访死后，甘卓迁为安南将军、梁州刺史，镇襄阳（今湖北襄阳）。

襄阳为东晋江汉间重镇，对抵御少数民族南下有重要作用，故东晋以重兵镇守。襄阳又据汉水上游，顺流而下，可直抵武昌，威胁荆州。当时的形势是，王敦为乱，元帝无兵可御，能牵制王敦的只有襄阳之兵。甘卓与陶侃一样，也对王敦专权深为不满，王敦起兵前，也担心甘卓在背后搞鬼，曾派人前往襄阳游说，以诛奸佞邀他同时出兵，以解除后顾之忧。甘卓先是同意，待王敦起兵后，他又决定率军进攻武昌。武昌城内守备空虚，听说甘卓军至，人皆奔散，使王敦在东下途中惊恐万分。建康城内则军心大振，齐呼万岁。但甘卓行至半路，又驻军观望，累旬不前，遂使王敦得以一鼓作气攻下建康。甘卓却以"更思后图"为由，回军襄阳。

当时，除司马睿派出的合肥、泗口二镇外，真正站在晋王室一边的只有司马氏家族成员而已。史载甘卓由湘州调任梁州时，司马睿对谯王司马承说："王敦叛变迹象已明，朕之成为'惠帝'已为期不远。湘州据长江上游，形势重要，是三个州的咽喉（三州为荆、交、广），我想请叔父（司马承是司马睿的堂叔）前往镇守，不知意下如何？"

司马承说："臣接受诏命，当尽力而为，怎么敢推辞！可是，湘州经过巴蜀流民变乱的蹂躏（指杜弢），百业凋零，民穷财尽，如果能够到任，恐怕至少也需要3年的时间整顿，才有能力投入战争。如果不能有3年时间，纵使粉身碎骨，也无补大局。"

王敦起兵后，即派南蛮校尉魏乂、将军李恒率军2万进攻长沙，以解除来自长江上游对武昌的威胁。当时，长沙城池的修建还没有竣工，粮食储备又十分缺乏，人心震恐。有人建议司马承放弃长沙，或南投陶侃（为广州刺史），或退守零陵（今湖南零陵）。司马承说："我出刺湘州，目的就是要为忠义献身，岂可贪生怕死，只顾逃命，做一个战败逃亡的将领！事情即令不能成功，也使朝野知道我的一片忠心。"遂死守长沙。后因甘卓中途变卦，陶侃也迟迟不能北上增援，司马承坚守100余天后，城破被俘，押送武昌，被新任荆州刺史王廙诛杀。这事过了多年以后，司马承的妻子才哭着对儿子司马无忌说："王敦昔肆酷汝父，假手世将（王廙）。吾所以积年不告汝者，王氏门强，汝兄弟尚幼，不欲使此声著，以避祸耳！"[①] 琅邪王氏门强如此，以致皇族都不敢道其杀亲之仇，可知司马睿欲图王氏，冲破"共天下"之局，实属下策。

永昌元年（322）正月，王敦利用大族对发奴为兵的不满，以诛刘隗、刁协为名，公开在武昌起兵。他还上奏章指控刘隗的罪状，宣称"刘隗奸佞邪恶，用谗言残害忠良，作威作福，任意妄为，制造事端，调发人民差役，骚扰人民生活，赋税徭役十分沉重。我身居宰辅之任，不可漠不关心，坐视国家败坏。现在，我就率军东下讨伐，如果刘隗的人头早上悬挂高竿，大军晚上即行撤退。从前，太甲生活放纵，荒唐过度，幸而有国相伊尹的忠心，使商王朝得以复兴（相传伊尹把太甲放逐到桐邑，太甲悔过，伊尹又让他复位）。但愿陛下再三考虑，则四海平安，社稷永固"。

同时，王敦的心腹之臣、吴兴人沈充也在吴兴起兵，响应王敦。吴兴内史孔愉"弃官还京师"。沈充又攻吴郡，杀内史张茂，造成沈充从东面与王敦合

---

① 《世说新语·仇隙篇》卷36。

击建康的形势。

王敦水军顺流东下，很快进至芜湖，又上书指控刁协罪状。司马睿大怒，下诏说："王敦仗恃我对他的宠信，竟敢犯上作乱，把我比作太甲，打算囚禁。是可忍也，孰不可忍也！现在，朕亲率六军，扑灭叛乱。有斩杀王敦的，封五千户侯。"

同年二月，晋元帝急召刘隗、戴渊还卫京师。刘隗到达时，文武百官都到路上迎接，刘隗仰戴冠帽，微微露出前额头发，高谈阔论，扬扬得意。他入宫后，就和刁协一起，同时请求把留在京城的琅邪王氏全部诛杀。司马睿不同意。

如前所述，王敦举兵"清君侧"，王导是同意的，但王敦一旦起兵，王导及其他王氏成员在京城的处境就变得相当尴尬。按晋代法律，谋反罪不在减免之列，且要株连九族。王敦反叛，而王导得以不坐，主要是由王氏家族的特殊地位决定的，同时也和其他大族的支援密不可分。在此期间，还有一段王导冤杀周颛的小插曲。

王敦起兵后，王导带领他的堂弟王邃（中领军）、王廙（左卫将军）、王侃（侍中）、王彬等王氏成员20余人，每天清早都到宫门外等候降罪。尚书仆射周颛入宫时，王导就向他呼救："伯仁，我一家老小，一百余口男女老幼的性命，都在你的手上！"周颛连一眼都不看，径直入宫。可他见了司马睿后，就竭力保护王导，言辞恳切。周颛出宫时，王导仍在宫门求他救命，周颛不但不理，反而对他的左右侍从说："今年要诛杀那些乱臣贼子（'诸贼奴'），换取斗大的黄金印，挂在手肘后头！"但他一回到家里，又立刻上书说明王导无罪。王导当时并不知情，以致后来假手王敦将周𫖮诛杀。

在周𫖮等大族的营救下，司马睿命王导入宫相见。王导叩头说："乱臣贼子，哪一个朝代没有？想不到却出在我家！"司马睿光着双脚，急忙下去拉住他的手，说："茂弘（君王称臣的字，是一种亲切敬重），我正要依靠你治理国家，你这是什么话。"

不久，王敦叛军很快就要兵临城下，司马睿任命王导为前锋大都督，戴渊为骠骑将军，周𫖮为尚书左仆射，王邃为尚书右仆射，皆领兵防御王敦。又命刘隗驻守金城（南京城东南），右将军周札据守石头城（南京城西北清凉山）。并诏令甘卓、陶侃各率军北上，攻击王敦后方。

三月，王敦抵达石头城，准备先攻刘隗。杜弘建议说："刘隗集结的敢死壮士很多，不容易攻克，不如先攻石头城，周札对下刻薄寡恩，部属都不太服从他的指挥，很容易攻克。周札一败，刘隗自会逃走。"王敦遂命杜弘为先锋，进攻石头城。周札是义兴周玘之弟，玘子周勰谋反时，周札委曲求全，得以保全宗族。义兴周氏受到北方强族的压抑，一直愤愤不平，这时王敦来攻，周札遂大开城门，迎叛军入城。刘隗、戴渊、周玘等率兵反攻王敦于石头城，但都大败而归。

王敦进城后，下令让将士在都城建康大肆抢劫，作为对手下叛军的赏赐。

宫廷及官府都逃散一空，只有几个人侍奉在晋元帝司马睿身边。司马睿脱下铠甲，换上黄袍，自言自语："想要得到我这个位置，应该早一点儿说出来，何至于把人民害到如此地步？"于是派人对王敦说："阁下如果不忘情本朝，请从此停止用兵，天下还可以共同治理。如果不愿这样做，朕当回到琅邪封国，以避贤路。"

建康失守后，刘隗、刁协各自北逃，刁协在路上被人所杀，刘隗逃归石勒。戴渊、周颛未逃，坚持留在司马睿身边。王敦于是向王导征询意见，说："周、戴二人，在南北两地拥有很高的声望，请他们任三公如何？"王导不回答。王敦又问："如果不任三公，难道只能担任尚书令和仆射吗？"王导又不回答。王敦说："如果不这样，只有诛杀。"王导仍不回答。王敦遂派人逮捕周颛和戴渊。周颛被绑赴刑场时，途经太庙，他大声高呼道："贼臣王敦，颠覆国家，枉杀忠良，神明如果有灵，请快诛杀王敦。"士兵用铁戟猛刺他的嘴巴，鲜血直流到脚下，而周颛神色不变，旁观的人都为之流泪。

后来，王导在整理中书省档案时，看到了周颛当初营救自己的奏章和史官记录，流着眼泪说："我虽然没有杀伯仁（周颛），仁伯却是因我而死（三问不答），幽冥之中，负此良友！"王导的哭诉，不知出于何种心情，王敦杀周颛，王导是默许的，这不仅因为周颛为司马睿所倚重，还因为周颛曾对他的哀求置之不理。如今一旦发现自己所憎恨的人原来就是暗中保护自己的人，产生一些后悔和自责是有可能的，但此中的自责，更多的是对自己不能分辨敌友的追悔，是对自己为政多年而识别能力如此低下的一种懊恼而已。

再说梁州刺史甘卓退兵襄阳后，他的家人都劝他严密戒备，以防止王敦加害。甘卓不接受，反而把士卒遣散到农田耕作。襄阳郡守周虑，暗中秉承王敦的指示，诈称湖中有很多鱼虾，劝甘卓命左右卫士都下湖捕鱼，甘卓竟然轻信。不久，周虑就率军冲击甘卓的卧室，将甘卓的人头斩下献给王敦。至此，王敦的政敌或死或逃，只有陶侃远在广州，幸免于难。

四月，王敦自任为丞相、都督中外诸军、录尚书事，还镇武昌。加授王导为尚书令，王廙为荆州刺史。"王与马，共天下"几乎变为琅邪王氏一姓之天下了。

三、郗鉴之谋

永昌元年（322）十一月，东晋元帝司马睿忧愤而死，皇太子司马绍即位，是为晋明帝。王导受遗诏辅政。

王敦虽在武昌，但大权在握，改易百官及诸军镇，转徙黜免者以百数。次年，移镇姑孰（今安徽当涂），自领扬州牧，以兄王含都督扬州江西诸军事，从弟王舒为荆州刺史（时王廙已死）、王彬为江州刺史、王邃为徐州刺史。王敦在政治上既然得意，权力不再受任何限制，凶暴傲慢的程度日益严重，各地向朝廷进献的贡物，多流入王敦的大将军府。将相州牧，都出自他的门下。政治上，他任用沈充、钱凤为智囊，对二人言听计从，二人所陷害的人，无不诛杀。军事上，依靠诸葛瑶、邓岳、周抚、李恒、谢雍为爪牙。这些人同样阴险奸诈，大肆兴建私宅，侵占别人的田宅，甚至挖掘古墓，在街市上强迫买卖，形同强盗。

明帝太宁元年（323），王敦已经病重，而急欲篡夺帝位，跟钱凤等亲信密谋，准备再次兴兵东下。

但王敦再叛，已经失去了"清君侧"的名义，目的显然是要取司马氏而代之，这是和"共天下"的权力结构格格不入的，因此，必然遭到南北士族的一致反对。首先反对王敦篡位之举的是琅邪王氏，王彬就多次苦苦规劝王敦，王敦气得向左右侍卫示意，要逮捕王彬。王彬义正辞严地指出："你从前杀哥哥（指王澄），现在难道又要杀弟弟？"王敦只好作罢，但还是贬王彬为豫章太守。

其他大族如太原王峤、太原温峤、陈郡谢鲲等，尽管默许王敦起兵诛除刘隗、刁协，但并不支持王敦篡夺东晋政权，对此他们都通过种种形式表明了自己的立场，从而使王敦废立太子之谋不能得逞。当然，南北士族虽然反对王敦篡权，但也没有坚决地站在朝廷一边。换句话说，当时朝廷对王敦尚不具备明显的优势。从当时的兵力状况来看，拥兵强藩除王敦以外，还有陶侃以及北方坞主（或称流民帅）。陶侃远镇广州，远水解不了近渴，所以，晋明帝只能筹兵于出身较低的士族人物如郗鉴、桓彝等，利用这些坞主兵力来平定王敦之乱。

在平定王敦之乱中，郗鉴是一个很关键的人物。郗鉴的生平已见前章，郗鉴是汉献帝时御史大夫郗虑的玄孙。郗虑是经学大师郑玄的弟子。据《晋书·郗鉴传》载，郗鉴"博览经籍""以儒雅著"，不改郗虑家风，属于东汉以来的儒学旧族。在两晋之际，郗氏家族在仕途上既不特别显达，也不随波逐流，挥麈谈玄，因此在士族阶层中并不属于很高的门第。

郗鉴从他保据的峄山南来，得力于纪瞻的推荐。纪瞻是南士冠冕，对东晋的建立贡献很大。王敦兴兵攻入建康后，纪瞻向卧病中的司马睿保荐郗鉴，说他有清高的声望和品德，应到朝廷供职，司马睿遂征郗鉴为尚书，入居京都。纪瞻征郗鉴南来，真正的目的是想借用郗鉴之兵抗拒王敦，使之成为平衡"王、马"的中间力量。

当然，郗鉴得以从峄山南来，王导也是同意的。王导当时的心态很微妙，他一方面默许王敦起兵，以确保王氏的政治地位；另一方面又不想打破"共天下"的格局，引得南北士族群起而攻之，从而招致整个家族的覆灭。因此，王敦欲再举兵，王导是反对的，形势逼迫他不得不奉行丢卒保车的策略。《晋书·纪瞻传》载纪瞻在举荐郗鉴疏的末尾称："是以臣寝顿陋巷，思尽闻见，惟开圣怀，垂问臣导，冀有毫厘万分之一。"就是说，郗鉴率众南来和征郗鉴入朝，还需要得到王导的同意，否则不会被朝廷接纳。

事实证明，郗鉴南来之后，政治态度很明朗，即支持晋室，反对王敦篡夺。

晋明帝即位后，为抗拒王敦之逼，准备以郗鉴作为外援，遂任命郗鉴为兖州刺史、都督扬州江西诸军事，镇守合肥。王敦自然不允许一个手握重兵的人雄踞在自己身后（合肥位于当涂西北），于是上表让郗鉴回建康任尚书令。明帝不得不接受，太宁元年（325）八月，下诏召回郗鉴。郗鉴回京途中，经过姑孰，王敦遂把他留下，与论朝中人物乐广①、满奋。王敦说："乐广的才干并不高，考察他的实际，怎么能超过满奋？"

郗鉴说："乐广做事，虽然平淡无奇，却遵守常轨；皇太子司马遹被废黜时，他表现软弱，但没有屈膝。而满奋在大节上却失去分寸（司马遹被贬往许昌，满奋逮捕所有前往送行的官员。后来，司马伦篡夺帝位，满奋又呈送玉玺），怎么有资格与乐广相比！"

王敦说："在那个时候，危机四伏！"

"大丈夫本应当用性命维护自己的立场！"郗鉴说。

王敦极不高兴，不再跟郗鉴见面，但也一直留住郗鉴，不准他走。王敦的党羽都劝王敦杀了郗鉴，以免后患，王敦不肯，最后还是放郗鉴返京。王敦的这一疏忽，断送了自己的皇帝梦，但也为日后琅邪王氏保住了一位有力的支持

---

①乐广，字彦辅，南阳淯阳人，西晋时官至侍中、河南尹。满奋收捕辞送废太子司马遹的官员，乐广将这些被捕的官员一并释放。

者。

郗鉴重返建康后，就跟明帝司马绍共同谋划讨伐王敦的事宜。密谋的内容如何，史籍缺载。从后来的事变经过来看，可知郗鉴所谋主要是用坞主的兵力以制王敦。这些坞主有苏峻、祖约、刘遐、陶瞻等，他们多屯驻于长江、淮河之间，有着在北方抗拒少数民族兵马的经历。可以说这些坞主之兵是当时晋室唯一可用的兵力，郗鉴谋以坞主之兵平定王敦之乱是成功的。太宁二年（326）七月，王敦遣王含、钱凤兵临建康，15天后就有苏峻、刘遐等速援建康，扭转了局势，乱事悉平。但是，引坞主渡江南下，入辅朝廷，也给东晋朝廷带来了一些新的难题。

晋明帝司马绍比他父亲司马睿果决能断，有胆略。据说他年幼时，曾坐在司马睿膝前玩耍，正赶上长安使者南来，司马睿问他："你说太阳和长安哪个远？"司马绍回答："太阳远，没听说有人从日边来。"第二天，司马睿宴请群官，说起昨日的问话，可司马绍却在一边说："太阳近。"司马睿大惊失色，责怪说："你怎么出尔反尔？"司马绍回答："举目则见日，不见长安。"司马绍即位后，知王敦又欲起兵，曾化装骑着一匹巴滇骏马，潜至于湖（今安徽当涂南），侦察王敦兵力部署情况。明帝通过种种渠道，大体知道王敦军队的虚实后，才决心讨伐王敦。

王敦病重出兵之际，曾经估计形势，提出三条计策。他先是假传圣旨，任命儿子王应为武卫将军，作自己的副手，任命王含（王敦兄）为骠骑大将军，开府仪同三司。智囊钱凤对王敦说："殿下万一不能起床，是不是要把后事全交给王应？"

王敦说："非常的事，平常的人做不到。王应年轻，怎么有能力担当非常之事！我死之后，最好是放弃兵权，把部众解散，前往朝廷任职，保全门户，这是上策。退回武昌，把士兵集结起来，割据自守，同时不间断对朝廷的贡献，这是中策。趁我还活着，孤注一掷，让所有部队顺长江而下，万一侥幸，也有成功的可能，这是下策。"

由此可见，王敦本人对这次出兵，是没有把握的。钱凤却认为王敦提出的下策，就是上策，遂跟沈充定计，只等王敦一死，即行发动。

就在晋明帝准备下诏讨伐王敦之前，温峤又向晋明帝通报了王敦谋反的阴谋。

温峤，字太真，太原祁县（今山西祁县东南）人。早年追随并州刺史刘琨抗击石勒，后受刘琨之命，奉表南渡向司马睿劝进。历任王导长史、太子中庶子、侍中等职。明帝即位后，任命温峤为中书令，王敦深为忌恨，就上书请为自己的左司马，明帝只好准许。温峤到任后，对王敦毕恭毕敬，在处理大将军府政事时，不时地献上一些计谋，以满足王敦的私欲。温峤尤其用心交结钱凤，对他表示由衷的敬佩，每每赞叹说："钱凤，可是满腹经纶。"因为温峤一向享有善于鉴赏人品的盛誉，所以钱凤听说后也大为高兴。正巧，丹阳尹（治建康）出缺，温峤对王敦说："京尹（即丹阳尹）位居咽喉要害，殿下应亲自选拔有才干的人担任才好。如果由朝廷任命，恐怕不会理想。"王敦觉得有理，就问："你看谁合适？"温峤说："以臣之愚见，没有比钱凤更恰当的人选。"而钱凤反过来也推荐温峤，温峤假装推辞，王敦不准。

六月，王敦上书任命温峤为丹阳尹，让他监视朝廷活动。温峤还是担心钱凤醒悟过来，加以阻止，于是在王敦为他举行的饯行宴会上，起身给钱凤敬酒，没等钱凤喝下去，他就假装喝醉的样子耍起酒疯来，把钱凤包头发的绸巾戳到地上，板起面孔说："钱凤，你算什么东西，我温太真敬酒，你也敢不喝！"王敦认为他真的醉了，还出面为他们调解。

温峤临上船时，向王敦告别，装得极为伤心，泪流满面，走出大厅后又折回来，表现出无限依依惜别之情，然后才一步三回头地上了路。

温峤乘坐的大船刚刚起锚，钱凤果然对王敦说："温峤跟朝廷的关系十分密切，而和庾亮的交情尤其深厚，不可以轻信他。"王敦却说："温峤昨天醉了，对你有点失礼，怎么就要报复！"温峤因此得以重返朝廷。

温峤回到建康后，立刻把王敦企图叛变的阴谋，全都向明帝汇报，请求迅速加强备战，又和司马绍的妻兄庾亮共同筹划讨伐王敦的具体事宜。

王敦接到报告后，大怒若狂，吼叫道："我竟然中了这小子的圈套！"并写信给王导说："温峤别后只不过几天，便做出这种事情，我定要悬赏捉拿，亲自拔掉他的舌头！"

六月二十七日，晋明帝司马绍以王导为大都督、假节、领扬州刺史；丹阳尹温峤为中垒将军，与右将军据守石头城；以应詹为护军将军，督朱雀桥南（秦淮河之南）诸军事；以郗鉴行卫将军、都督从驾诸军事；以庾亮领左卫将军，卞壶行中军将军。在郗鉴的请求下，又征召兖州刺史刘遐、临淮太守苏峻、徐州刺史王邃、豫州刺史祖约等，率军入卫京师，并公开下诏，讨伐王敦。

同年七月二日，王敦病重不能带兵，即以其兄王含为元帅，与钱凤、邓岳、周抚等，率领水陆士众5万余人，突至秦淮河南岸。温峤当机立断，纵火烧毁朱雀桥，退屯水北，以阻其兵锋。叛军的攻势果然受阻，不能冲过秦淮河。

身居大都督之位的王导，此时的态度非常微妙。他一方面不同意王敦再次起兵，破坏"共天下"之局。因此，写信给王含说：

最近，我问候大将军（王敦）的病情，有人说他已经去世。不久前才知道是钱凤下令动员，发动叛乱。我认为你一定会加以镇压，还镇武昌。想不到你却跟一群狗羊之辈一齐东下。你这次举动，莫非认为跟大将军当年的举动一模一样？错了。当年奸邪（指刘隗、刁协）乱朝，人心不安，连我也希望得到接济。今则不然，大将军驻屯于湖（今安徽当涂南）以来，已逐渐失去人心，正人君子恐惧不安，市井小民劳苦疲惫。大将军欲将重任交给王应，王应这小子才断奶几天？

而且就声望而言，他怎能继承宰相之位？自开天辟地以来，哪有宰相由孩子担任的？凡是有耳朵的人，都知道这是一种篡权的非常措施，不是人臣应做的事。先帝（司马睿）中兴，仁爱仍遗留民间；当今圣主（司马绍）聪明智慧，恩泽广被朝野。你却狂妄地阴谋叛逆，凡在人臣，谁不愤怒叹息！我家男女老幼，都受到国家厚恩，面对你今天所做的事，我会毫无顾忌地担任六军统帅，宁为忠臣而死，不为无赖求生。

透过这封书信的字里行间，我们不难看出，王导首先是向王含（实是向王敦）分析形势，劝他退兵武昌，因为王导也需要王敦居外做他的外援。退一步讲，如果王敦执迷不悟，他就要大义灭亲，为自己留条后路。

另一方面，王导又非常担心王敦兵败，若如此，则自己在朝便无兵可恃了，因此，他又巧妙地把建康军情泄露给王含。信中接着说道：

导所统六军，石头万五千人，宫内后苑二万人，护军屯金城六千人，刘遐已至，征北昨已济江万五千人。以天子之威，文武毕力，岂可当乎！事犹可追，兄早思之。大兵一奋，导以为灼炟也。[1]

①《晋书》卷98《王敦传》。

这无疑是把朝廷方面的军队调动、兵力部署和盘透露给王含，其用心良苦，可想而知。

这时，沈充也从吴郡率众万人直指建康，与王含军会合。

七月三日，晋明帝派将军段秀、中军司马曹浑等，率兵 1000 余人渡秦淮河而南，趁王含军不备，发动突然袭击，取得初战的胜利。

王敦接到王含战败的消息，吼叫道："我这个哥哥，不过是个糟老太婆，家门衰败，大势已去。"又对参军吕宝说："我只有亲自出征。"挣扎着要起床，可体力不支，只好重新躺下。王敦知道自己将不久于人世，对舅父羊鉴、儿子王应说："我死之后，王应就宣布登极称帝，先设置文武百官，再料理丧事。"不久，王敦病死，王应保守秘密，不发丧事，把王敦的尸体用席子裹起来，外面用蜡涂满密封，埋葬在议事厅中央。然后跟诸葛瑶等日夜饮酒，极尽欢乐。

七月十七日，刘遐、苏峻等率精兵 1 万余人抵达建康，司马绍等不到天亮，就连夜召见他们，犒劳将士。这时，沈充、钱凤已突破朝廷军在秦淮河北岸的防线，冲到宣阳门（即建康城南门）。在这危急时刻，刘遐、苏峻军从南塘（秦淮河之南）突然杀出，拦腰猛攻，大破沈充、钱凤军，叛军互相践踏，掉进秦淮河淹死的就有 3000 余人。

七月二十六日，王含纵火焚烧大营，乘夜逃亡。司马绍命庾亮督促苏峻等追捕沈充，命温峤督促刘遐等追捕王含、钱凤。刘遐军蛮横放肆，所到之处，烧杀掳掠，奸淫妇女。温峤责备说："上天保佑忠顺，所以王含被剿灭，你怎么可以利用混乱大捞一把！"刘遐这才约束自己的部队，把抢来的女人释放。

王含打算投奔荆州刺史王舒（王敦亲弟），王应说："不如投奔江州。"王含说："大将军（王敦）平时跟王彬（江州刺史）处得那么不愉快，怎么能投奔他？"王应说："正因为如此，才投奔他。王彬叔父在大将军声势最盛时，敢于主持正义，这是普通人办不到的事。而今眼看我们遇到危险，他一定会保护我们。而王舒小心谨慎，岂能有出人意料的担当。"王含不从，遂逃往荆州，王舒果然派人把王含、王应捆绑起来，投进长江活活淹死。王彬听说王应有来投奔的意思，遂秘密准备船只在江边等候，而王应竟没有来，王彬深感遗憾。

不久，钱凤、沈充也分别被部下斩杀，王敦之乱，至此全部平定。

有关部门奏请："王彬等，凡是王敦的亲族，都应免除官职。"晋明帝司马绍下诏："司徒王导，大义灭亲，即令犯错，再过一百世也要宽恕，何况王彬等都是王导的近亲！"

王敦之乱平定后，明帝又任命王导为太保（上三公）兼司徒，并加授特殊礼遇，上殿时不解佩剑，不脱木屐（"剑履上殿"）；入朝时不必快步（"入朝不趋"）；奏事时不传报姓名（"赞拜不名"）。同时，任命应詹为江州刺史；刘遐调任徐州刺史，镇守淮阴；苏峻调任历阳内史；加授庾亮为"护军将军"，温峤为"前将军"。

王导在王敦之乱中，虽未直接参与谋反，但按古代法典，"谋反"属"十恶"之一，是要株连九族的。而王导不仅未受牵连，皇帝反而对他礼遇有加，这是东晋门阀政治之下所特有的现象。王导辅佐司马睿建东晋，具有特殊的身份地位，以至司马睿登极时，要引王导共坐御床。王导虽未共坐，但在权力分配上，已相当于大半个皇帝，故有"共天下"之说。"共天下"是当时南北大族都能接受的一种秩序和均势，绝非个人所能改变。司马睿想要改变这种状态，结果失败；王敦又想独有天下，也以失败而告终。这说明"共天下"的格局还要继续延续下去。正因为如此，也就决定了王导的特殊地位不可动摇，不仅个别大族一时无法取而代之，就连皇帝也奈何不得。因为王导的地位发生动摇，就等于皇帝与士族"共天下"的局面要发生变化，所以，纵使皇帝想要触动王导，也是其他大族所不能接受的。

从东晋初年的历史背景来看，北方大族在中原已无立足之地，他们决不允许南方也陷入混乱，人心思安是当时社会思潮的主流，而要维护江南地区的稳定，就必须维护"王与马，共天下"的权力格局。南北大族可以允许另一家族与司马氏"共天下"，但决不允许司马氏独占天下，而在另一家族取代王氏之前，王导的特殊地位就不会发生根本的变化。王导的这种特殊地位，在东晋初年可以说代表着一种秩序，是一种稳定的象征。这就是王导历经王敦之乱，而身份地位并无根本变动的原因所在。

第九章

平定苏峻、祖约之乱

王敦之乱平息不久，晋明帝司马绍病死，年仅 27 岁，太子司马衍（时年 5 岁）继位，是为晋成帝。由司徒王导、尚书令卞壶、车骑将军郗鉴、护军将军庾亮、领军将军陆晔、丹阳尹温峤等共同辅政。因帝舅庾亮擅权，引起苏峻、祖约之乱，京都建康再遭洗劫。在这种严峻的形势下，王导在京保驾，号召三吴起兵勤王；温峤等共推陶侃为盟主，自西东下，东西联军同时兵临建康，共同平定了苏峻、祖约之乱。

一、坞主发难

郗鉴向明帝出谋，利用北方坞主（或称"流民帅"）之力对抗王敦，虽收效显著，但也遗患于后代。东晋建立前后，许多在北方抗拒少数民族政权的"坞主"，为形势所迫，先后南来。这些"坞主"也是北方的大族，他们所统率的武装长期追随他们，多少具有私兵的性质。东晋朝廷对他们不得不重视，但又不敢放心大胆的利用，因此，往往按照他们原有的地位高低和兵力多寡，将他们委任为太守、刺史、将军，划分出大致的地盘，而将他们羁縻于长江之外，拒绝他们过江南来，这是晋廷的一贯政策。如祖逖率众南至泗口后，司马睿"逆用"之为徐州刺史。后来祖逖一度率众过江，屯驻京口（今江苏镇江），但是立足未久，又被任命为豫州刺史，率众北返，活动于淮北地区；苏峻率众从青州泛海入长江，至广陵（今江苏扬州），不久也受命北伐彭城（今江苏徐州）作战；在黄河南北抗拒石勒的邵续，曾联名刘琨发起劝进表，其女婿刘遐也只能率军活动于下邳、彭城、泗口一带，最南不过临淮。但平定王敦之乱以后，这些"坞主"纷纷渡江南来，如苏峻任历阳内史，控制建康上游门户，骄傲自负，颇有异志。

同时，这些拥兵南来的"坞主"，或者门户不高，或者虽有门户背景但本人不具备名士风流旨趣，而与东晋政权及当朝士族格格不入（只有郗鉴得以跻身江东门阀政治之中，高平郗氏也因此逐渐上升为一流的侨姓士族）。如苏峻"本以单家，聚众于扰攘之际"，门第与品格均不得入于士流；刘遐、郭默诸将也都出自寒微，习于行阵，因此为门阀所不齿。

何况这些名义上依附东晋的坞主，实际上对东晋政权若即若离，在政治上保留着相当大的独立性。甚至玩忽朝命，专横跋扈，雄踞一方，各行其是，既无王法也无军纪。或者依靠打家劫舍、拦劫商旅以筹给养，如祖约、郗鉴等人无不如此。

所有这些因素都使他们与东晋政权互相猜忌，与当权士族矛盾重重，苏峻、祖约之乱，就是因为他们在平定王敦之乱时立功江南，而又遭受权门压抑而引起的。

晋成帝即位后，王导、庾亮等七人同受晋明帝遗诏辅政，因成帝年幼，明帝皇后庾文君临朝称制，这使庾亮的地位迅速上升，史称"政之大要，皆决于亮"。庾亮是庾文君的哥哥，司马睿即位，为太子司马绍（晋明帝）迎立庾文君为正妃时，庾亮就以中书郎的身份侍讲东宫。从此，庾亮地位不断上升，跟温峤、司马绍交往甚密。

明帝病重期间，庾亮同南顿王司马宗（汝南王司马亮之子）发生矛盾，及明帝死，庾亮遂以"谋反罪"诛杀司马宗，并把司马睿皇后虞孟母的弟弟虞胤逐出京城，贬为桂阳郡守。司马宗之死，成帝司马衍一无所知，过一段时日后，成帝询问庾亮："常看到的那个白头发老公公在哪里？"

庾亮回答说："因为谋反，已经诛杀。"

司马衍哭着说："舅舅说别人谋反，就擅自诛杀；别人说舅舅谋反，应该怎么办？"

这个小插曲表明，成帝即位后，庾亮大有取代王导的架势，当然也不可避免地同王导发生矛盾，王、庾之间的明争暗斗，遂成为东晋政局中的主要矛盾。

首先，庾亮拉拢卞壶攻击王导。卞壶，字望之，济阴冤句（今山东曹县西）人。其父卞粹以清辩鉴察著称，兄弟六人并登宰府，世称"卞氏六龙，玄仁（卞粹字玄仁）无双"。卞壶南渡后，初为从事中郎，后长期居师佐之任，与庾亮同时侍讲东宫，深受明帝亲重。

明帝在经历了王敦之乱的剧烈震动之后，对王氏家族更有戒心，亲庾亮、疏王导的意向越来越明显。《太平御览》卷593引《语林》，记载了这样一个故事：明帝手书诏令给庾亮，可信却误送给王导。王导打开诏书，末尾写道："勿使冶城公（王导宅在冶城）知。"王导看后，上表回答说："伏读明诏，似不在臣，臣开臣闭，无有见者。"明帝非常难堪，多日不好意思见王导。

对明帝这种倾向，卞壶自然心领神会，所以，他率先公开向王导发难。

成帝举行登极大典时，王导因病没有参加，卞壶抨击说："王导岂是国家忠臣，先帝尚未安葬，嗣皇未立，岂是人臣患病请假之时！"王导听到消息，不敢怠慢，赶忙带病坐轿而来。

面对庾亮等人咄咄逼人的攻势，王导表面上泰然处之，而暗中也在积极筹划，以应付形势的微妙变化。

他首先是加强同郗鉴家族的密切关系。郗鉴南来以后，本来是站在朝廷一方反对王敦的，王敦败死后，郗鉴认识到琅邪王氏在政治上的继续存在，在当时是约束庾氏专恣、稳定东晋政局的必要条件，因此转而支持王导，王、郗的联结由此形成。

晋成帝咸和元年（326）六月，徐州刺史刘遐死，朝廷任命车骑大将军郗鉴兼领徐州刺史。王导为交好郗鉴，因病不参加庾太后主持的早朝，却私下去送郗鉴上任。卞壶上书弹劾："王导轻视法律制度，只知培植私人恩德，没有大臣的节操，请予以免官。"奏章自然不会被批准，但从王导不顾嫌疑，私送郗鉴赴徐州上任来看，他已经意识到在当时的政局变动中，联结郗鉴对于巩固王氏地位，稳定江东局面的重要性，而郗鉴在此后的政治斗争中也确实起到了这种作用。

家族之间的相互支援，婚和宦是两个重要途径。宦指仕途上的提携，如王导为司徒，主动辟郗鉴子郗昙为秘书郎；婚指互为婚姻以相固结，如王氏两代娶郗氏女。《世说新语·雅量》载：郗鉴在京口派人向王导求女婿，王导说："信君往东厢任意选之。"郗鉴最后选中了王导的侄儿王羲之。王、郗的结好当然对抵制庾氏专权有利。

其次，王导为谋外援，而出弟王舒为会稽内史。东晋时，三吴（吴郡、吴兴、会稽）为东晋的战略后方，而会稽又是三吴的腹心。会稽本为郡，成帝咸和二年（327）改为国，会稽内史权力很大，都督五郡军事，五郡即会稽（治今绍兴）、临海（治今台州）、东阳（治今金华）、永嘉（治今温州）、新安（治今淳安），相当今浙江全境及安徽南部。三吴又是当时江南的主要产粮区，故时人将会稽比作秦汉时的关中，足食足兵。正因为如此，王导任命王舒为会稽内史，是很有战略眼光的。

庾亮的专恣，王导与庾亮的明争暗斗，各引名门大族为声援，这就势必压抑或排斥那些刚刚立过功的"坞主"，从而引起新的侨姓士族之间（高门与低门、先渡与后渡）的矛盾与冲突。如祖约（时驻寿春）就认为自己的名望、辈分都不在郗鉴、卞壶之下，却受到当朝士族的排斥，不仅没有资格辅佐幼主，连希望开府仪同三司也被拒绝，因此心怀怨恨。

二、乱兵入宫，太后受辱

苏峻任为历阳（今安徽和县）内史后，逐渐骄傲自满，根本不把朝廷放在眼里，招收亡命之徒，拥有精兵1万余人，武器装备也十分精良。

咸和二年（327），执掌东晋朝权的庾亮为夺取苏峻手中的兵权，准备征召苏峻入朝为大司农。王导反对说："苏峻猜忌凶险，一定抗拒诏书，不如姑且包容。"卞壶也说："苏峻拥有强大的兵力，临近京都，只不过一天的路程，一旦发生变化，不容易阻止，应该慎重考虑。"

但庾亮刚愎自用，认为召之反而害小，若不召则时间一久，不可克制。于是在稍做军事部署后，就下诏征召苏峻。

苏峻上书说："从前，明皇帝亲自握着我的手，命我讨伐北方政权。如今，中原还没有收复，我怎么敢苟且偷安！请求把我调到青州边界上任何一个偏僻遥远的荒郡，使我能施展猎鹰猎狗的用处。"庾亮坚决拒绝。苏峻的参军任让说："将军要求贬谪到一个荒郡，庾亮都不同意，事情到了这个地步，恐怕没有生路，不如加紧备战保全自己。"于是苏峻拒绝征调，大战一触即发。

在这千钧一发之际，庾亮又因嫉恨荆州刺史陶侃，而拒绝江州刺史温峤率军入卫京师的请求，从而使建康无重兵可守。

原来，王敦败亡后，东晋任命陶侃为征西大将军、都督荆湘雍梁四州诸军事、兼领荆州刺史，镇守江陵。陶侃聪明敏捷，谦恭勤俭，到任之后，每天都盘起双膝端坐在公堂，军政事务处理得有条不紊，很少休闲。他常常告诫别人："大禹是圣人，还珍惜'寸阴'；圣人不珍惜一尺璧玉，而珍惜一寸光阴，因为时机难得，容易丧失；至于平凡的人，就应当珍惜'分阴'，怎么可以浪费在荒唐游荡、饮酒欢宴上？一个人活着的时候对社会没有贡献，死后与草木同朽，没有人知道他的姓名，岂不是自己埋葬自己！"手下偶尔有人因为醉酒或赌博而荒废公事，陶侃就派人搜出他们的酒具和赌具，全部扔进长江。他常说："赌博，是牧猪奴们玩的东西，《老子》《庄子》浮华不实，不是古代圣王的正大言论，难以实用。正人君子都应衣冠整齐，怎么能蓬头垢面，袒胸露怀，而自称恢宏通达！"

要是有人给陶侃送礼，他一定查问东西的来历，如果是自己劳动所得，虽然微薄，也十分喜欢，并赏赐给超过所送礼品三倍价格的东西；如果来路不明，或非法所得，他就严厉斥责，甚至辱骂，原封不动地将礼物退还。有一次，陶侃到郊外办事，看见一个人手里拿着一把还没有成熟的稻子，就问："你拿这些干什么？"那人说："经过这里，顺手摘的。"陶侃大怒道："你自己不种稻，却偷别人的稻，实在无耻！"遂让侍从将那人绑起来鞭打。这件事传出以后，人人都勤奋耕种，家家温饱。

造船时，陶侃让人把锯下来的木屑和削下来的竹节保存起来，人们不知什么缘故，只好照办。后来，元旦朝会，天气初晴，大雪开始融化，厅前一片泥泞，陶侃就让人把木屑铺在地上。正因为陶侃在荆州持俭勤政，发展生产，所以深得民心，威望越来越高。也正因为如此，庾亮才对他又嫉又畏，防之如虎。

及苏峻谋反的迹象昭著于天下时，温峤就请求率军东下，捍卫建康。庾亮回信说："我担心西方防务（暗示陶侃），胜过担心历阳，你千万不要越过雷池①一步！"这样一来，庾亮西忧陶侃、北忧苏峻，从而分散了力量，使苏峻更有机可乘。

为了安抚苏峻，晋廷也一度派人向苏峻解释，企图缓和一下紧张的气氛。苏峻说："朝廷一口咬定我要叛变，我岂能活命？我宁愿坐在山头看牢狱，也不愿坐在牢狱看山头。前些时候，国家危如累卵，不是我便渡不过难关，狡兔已死，我们这些当猎狗的就只有被烹吃的份儿。但我就是死，也要找到那个陷害我的人。"遂遣使和祖约联合，以诛庾亮为名起兵。祖约大为高兴，于同年十一月派他的侄儿祖涣、女婿许柳统兵南下，和苏峻会师。

大乱爆发在即，尚书左丞孔坦、司徒司马陶回向王导建议："在苏峻没有

---

① 古雷水自今湖北黄梅东流，经今安徽宿松至望江东南，积而成池，称为雷池。

发动攻击之前，我们应切断阜陵之界，固守长江以西当利等渡口，使苏峻不能渡过长江。如果苏峻不发动攻击，我们就向历阳推进，逼近其城。朝廷不抢先下手的话，苏峻一定兵临京师，那样则会人心动摇，难以对抗。俗话说，先下手为强，机不可失，时不再来。"王导深表同意并上奏朝廷。可庾亮却不以为然，致使朝廷坐失良机。等苏峻派兵渡江，攻陷姑孰后，庾亮才感到后悔。

咸和三年（328）正月，苏峻派部将韩晃进攻晋左将军司马流据守的慈湖（今安徽当涂北），司马流一向胆小如鼠，会战尚未开始，他因过度紧张和恐惧，以至双手发抖，吃烤肉时，竟连自己的嘴巴在哪里都找不到。主帅如此畏缩，结果可想而知，晋军全军溃败，司马流被杀。

慈湖是晋廷设防的第一道防线，苏峻初战得手，遂率领大军倾巢出动，指挥两万精兵从横江东渡长江，在牛渚（今采石矶）登陆。晋军屡战屡败，无法阻止。

二月一日，苏峻抵达覆舟山（钟山西端支脉）。苏峻弃船舰而取陆路，动向显而易见。故陶回对庾亮说："苏峻知道石头城有重兵把守，绝不敢从水路攻坚，他一定会绕到小丹阳（建康东南小城），从东南向西北进攻，我们应派兵在中途埋伏，前后夹击，就可以一战而生擒苏峻。"但庾亮还是不接受。

苏峻果然绕道小丹阳，同卞壶、郭默军遭遇，两军在西陵交战，卞壶大败，苏峻挺进至青溪栅。当时，卞壶背上生疮，伤口还没有完全愈合，但他仍率各军苦战，结果力尽被杀。他的两个儿子卞眕、卞盱也跟着老父冲锋陷阵，最后双双被杀。他们的母亲抚着两个儿子的尸体，悲痛欲绝，哭着说："父是忠臣，子是孝子，我还有什么遗恨！"

西陵是建康城的最后一道屏障，卞壶苦战不守，则建康城的东南大门洞开。苏峻又乘南风发动火攻，朝廷诸官署顷刻间淹没于一片火海之中。丹阳尹羊曼在云龙门（宫门）设防，旋即战死。庾亮率军在宣阳门布阵，将士尚未成列，就扔掉兵器一哄而散。庾亮和几个弟弟庾条、庾翼以及郭默、赵胤等慌忙乘坐一条小船西逃，投奔寻阳（今江西九江西北）。当时的情况混乱万分，乱兵不断想冲上来抢劫，庾亮随身的卫士射箭抵挡，想不到一箭射中掌舵船夫，船夫应声倒地。最后庾亮等总算侥幸逃到温峤军中。

庾亮自己保住了性命，却将劫难留给了妹妹庾文君。苏峻的乱军既攻破城门，很快就冲进台城（宫城）。此时，王导显得格外镇静，他对侍中诸葛说："皇上应当前往正殿，请你速去奏报。"褚翜立即进宫，亲自把皇帝司马衍（本年8岁）抱上正殿。王导和光禄大夫陆晔、荀崧，尚书张闿等，一同登上御床，拥卫司马衍。命刘超为右卫将军，与钟雅、褚翜分侍左右；太常孔愉穿着朝服，守护宗庙。

这时，大部分文武百官逃跑一空，宫廷一片荒凉，苏峻乱军如入无人之境，很快就闯进正殿，大声吆喝着，要褚翜退下去。褚翜肃立不动，呵斥道："让苏将军亲自来朝见皇上，士兵们怎么能够侵逼！"乱军不敢鲁莽上殿，却转而闯入后宫。成百上千的宫女这下可炸了营，东躲西藏，哭爹喊娘。乱兵们既无军纪约束，于是守住前后大门，像抓小鸡一样抢夺宫女，连皇太后庾文君的左右侍女也不能幸免。宫女们从来没见过这阵势，胆小的早被剥下衣服，堵在寝宫内、阁道上被奸污；个别胆大的则奋力反抗，裸着身子跟乱兵们厮打着，被追逐得到处乱跑，但她们终归不是乱军的对手，仍然逃脱不掉被轮奸的命运。有些宫女虽入宫多年，但一直身洁如玉，如今遭此凌辱，撞柱自尽，血流如注，气绝身亡。庾太后强作镇定，一直端坐在寝殿目睹着眼前发生的一切，昔日的权威早已化为乌有。不多时，有几个已在宫女身上寻过欢的士兵又来到庾太后的寝宫，虽不敢太过放肆，但也围在左右，指手画脚，品头论足。庾太后年仅32岁，哪里受过这样的惊吓和刺激，实在支持不住，竟晕倒在地，而且身边的侍女早被抢光，无人守护。乱兵这下可壮了胆气，扑上去亲的亲，摸的摸，嚷着自己沾了天下第一夫人，死也无憾，眼看庾太后的衣服就被撕烂了，这时，传令官赶来传命道：有敢妄动太后者，格杀勿论。庾文君这才暂时保住了自己的清白。

苏峻又下令将文武百官统统抓起来，让他们挑着抢劫的东西爬上钟山，稍有反抗，就遭鞭打。当时，国库存有布20万匹、金银5000斤、铜钱上亿万、绸缎数万匹，等等，都被苏峻抢夺一空。他又派兵把高门第的贵族妇女统统抓起来，不分老幼，一律剥光衣服，赤裸着排列在一起，借以对高门士族施加报复，发泄自己心中的怒气。这些贵族妇女平日娇生惯养，极少在公开场合露面，如今当着众多粗野的乱兵袒露身体，实在无地自容，一个个只好用破席或乱草围住自己的下身。找不到破席乱草的，就坐在地上，用泥土埋住下体，哭叫声撼天动地。乱兵们虽不敢擅自对她们施以强暴，但都纷纷围住她们，发出一阵阵疯狂的淫笑声。或者抢下女人遮盖用的破席乱草扔到远处，或者把坐在地上的女人拉起来，以看着她们露出酥胸、腹部的刹那现出的窘态取乐。

等京城内外肃清所有抵抗之后，苏峻这才昂首阔步、在卫士们的前呼后拥下举行入城仪式。街道上除了断壁残垣冒着轻烟外，一片萧条，到处是血污和尸体，没有夹道欢迎的热烈场面。苏峻对此很不满意，就下令把那些裸着身子的贵妇们驱赶过来，在皇宫门外列队欢迎，苏峻看着这些昔日不可一世的贵妇们，如今在他的淫威下任人摆布，脸上这才露出了胜利者的笑容。待他在广场北面的前殿坐定后，选出几位年轻漂亮的女子侍奉左右，一面听着各路将领汇报成果，一面伸手调戏左右侍女。入城仪式就这样极不典雅地宣告结束。

此后的几天里，苏峻开始对排斥过他的公卿大臣施行更残酷的报复，首当其冲的自然是庾氏家族。当时，庾姓男子大多都乘着混乱逃走，或是西投温峤，或是南投吴郡内史庾冰，没来得及跑的都被砍下人头，抛尸街市。女人们的下场可就更悲惨了，她们被抓来后，也先被剥光衣服聚在一起，苏峻像检阅一样逐一过目，然后派人把皇太后庾文君"请"出来，由两个士兵架着站在一边。苏峻先宣布庾氏的罪状，声称这些女人以前仗着太后的权势，作威作福，今天也要跟着太后一起遭殃。并指责太后是这次祸乱的罪恶之源，没有太后就不会出现庾亮擅权，既然庾亮已经畏罪潜逃，那么罪责就应由太后承担。说完，就命令几个粗野的将士当着众人的面，把庾文君华丽的盛装一层层剥下来，庾文君苦苦哀求，只求一死，但苏峻仍然不依不饶，皇太后的凤体就这样一丝不挂地裸露于光天化日之下。《晋书》对这段丑恶的场面不堪详叙，只以庾文君被苏峻"逼辱"而死一笔带过。

折磨完太后，苏峻下令对庾氏女子进行更大规模的摧残。不管老幼，都没有逃脱魔爪。这场惨绝人寰的人间悲剧结束后，苏峻也怕由此激起更大的公愤，于是派人把庾文君的尸体穿戴整齐，殓入梓棺，对外宣布太后暴死，不久，就草草下葬；而其他女尸则被草率地用破席子裹起来，在城外挖个大坑，连夜掩埋起来。

苏峻在后宫胡作非为，对高门第之家的贵妇人、特别是对庾氏家族的妇女们惨无人道，但对东晋业已形成的政治格局也不敢贸然触动。进城的第二天，苏峻矫诏宣布大赦，只有庾氏家族成员不在赦列，因王导地位尊贵，声望太高，苏峻依旧任命他为司徒，任祖约为侍中、太尉、尚书令，而自任骠骑将军、录尚书事。又以许柳为丹阳尹，马雄为左将军，祖涣为骁骑将军。

对朝廷进行人事安排后，苏峻就把军队集中到于湖，进行整训。为解决军需物资，苏峻又遣兵攻略义兴、晋陵、吴郡等地，"所过无不残灭"。东晋立国以来，此次祸乱损失最巨。

三、再立新功

苏峻进据京师之后，庾亮就和温峤在寻阳（今江西九江西北）谋划讨伐事宜，两人的关系一直很好，于是互相推举对方为盟主，搞得迟迟决定不下来。温峤的从弟温充说："陶侃地位重要，而且兵力强大，应该联名推举他才对。"温峤觉得有理，遂派人前往荆州，邀请陶侃共赴国难，并推他为盟主。

这一年的五月，陶侃率军抵达寻阳。因为陶侃对当初没有把他列入"顾命大臣"一事，一直怀恨在心，而且庾亮对陶侃嫉恨排斥无人不晓，所以对于陶侃的到来，人们议论纷纷，传言说：陶侃打算诛杀庾亮，向天下人谢罪，庾亮为此大为恐惧。在温峤的精心设计下，庾亮亲自前去拜见陶侃，行礼叩拜，十分谦恭。陶侃急忙阻止，庾亮又痛切地检讨了自己的过失，表示要和陶侃修好，共度国难。陶侃幽默地说："你庾亮修筑石头要塞，原是为了防备我这糟老头子，想不到今天反而请我去进攻！"两人遂释前嫌，一起欢宴畅谈。于是，陶侃、庾亮、温峤联兵东下，直指建康，拥兵4万，旌旗前后连绵700余里，战鼓军号之声，震天动地。

苏峻得知西方"联军"东下，采纳参军贾宁的建议，从姑孰回军建康，据守石头城。同时，又派兵把成帝司马衍强行带到石头城，王导竭力阻拦也无济于事。司马衍哭着被抱上御车，后宫还有一些劫后余生的宫女，都跪在地上一片哀号。司马衍被挟持到石头城之后，苏峻腾出一个仓库，供司马衍及随行人员居住。

王导当时虽身处险境，时刻与死亡为伍，但仍然镇定自若，刚毅的面孔透出一股大义凛然的正气。苏峻的部将几次建议诛杀王导，苏峻都没有同意。在这种黑暗险恶的环境中，王导寻找时机，秘密向三吴下达命令，宣称奉皇太后遗诏，号召他们起兵勤王。

会稽内史王舒接到命令后，立即任命庾冰（前吴郡内史）为代理奋武将军，率兵万余人西渡浙江北上。于是，吴兴郡太守虞潭、前义兴郡太守顾众等纷纷起兵响应，组成浩浩荡荡的同盟军，向建康推进。此时，徐州刺史郗鉴也从广陵（今江苏扬州）起兵南下，并派人向温峤建议说："听说贼寇谋划挟持天子东逃会稽，我们应当在东线设立营垒，严密把守险要关塞，既可防止苏峻远走高飞，又可以切断他们的粮食供应。然后静镇京口（今江苏镇江），坚壁清野，加强城池防御。贼寇攻城攻不破，田野又抢掠不到粮食，东方交通一旦切断，粮食运输也自然断绝，则贼寇必然从内部崩溃。"

温峤极为赞赏，于是，当以陶侃为盟主的西方"联军"推进到建康城西、秦淮河口的查浦、蔡洲后，他立即和陶侃一起，推荐王舒监浙东军事，虞潭监浙西军事，俱受郗鉴节度。从此，郗鉴以都督扬州八郡诸军事专注东方。这样，在陶侃联军与苏峻叛军在建康附近相持的同时，又形成了京口以南迄三吴一带的东方战场，同苏峻所遣寇掠三吴、京口以东地区的叛军作战。

陶侃担心郗鉴出兵京口以南后，会形成新的军镇势力，以后会对自己构成威胁，遂把他征调到建康战场。郗鉴同西方联军会师后，首先请求兴筑白石垒（在石头城东北，险恶而坚固，可使石头城前后受敌），陶侃同意，郗鉴遂命部将李根在黑夜的掩护下动工，天明时已经修完。等苏峻派兵来攻，白石垒已巍然不动，成为苏峻心腹之患。

这时，东方联军王舒、虞潭等同叛军作战，接连失利，东线频频告急。尚书孔坦对陶侃说："原本用不着征召郗鉴，以致东方门户洞开，现在派郗鉴返回东方，虽然已经晚了一步，但总比他不回去要好。"陶侃无奈，只好命郗鉴和后将军郭默火速赶回东方，据守京口。

郗鉴返抵京口后，迅速调兵遣将，兴筑大业（今江苏句容北）、曲阿（今江苏丹阳境内）、庱亭（今江苏武进西）三座大营，以分散苏峻的兵力。三垒鼎足而立，如"品"字形突向建康，有效地切断了建康通向三吴的交通线，使苏峻无法从三吴运输粮草。

苏峻深知攻取三吴作为战略后方的意义，遂派部将张健、韩晃等向大业发动猛烈攻击。大业营内严重缺水，守军只好饮用从粪便中绞出来的汁水。守将郭默内心恐惧，私自突围潜逃。郗鉴坐镇京口，听到报告也不免心头一惊，参军曹纳说："大业是京口的屏障，一旦失守，贼寇蜂拥可至京口城下，我们不如退守广陵，等待时机。"郗鉴大怒，马上召集全体官员，当众谴责曹纳说：

"我承蒙先帝厚爱，负有托孤的重任，即令死于九泉都不足以报答。而今强贼近在咫尺，人心不安，你身为我的心腹助手，却有这种想法，怎么能身先士卒，镇抚三军？"遂下令以动摇军心罪诛杀曹纳。后在众将的请求下才免他一死。由此，军心稳固，苏峻叛军一时无法攻破大业，东方战场暂时陷入僵局。

此时，陶侃、温峤的西方联军，正跟苏峻打得难解难分，不分胜负。

六月，祖约派部将祖涣、桓抚等袭击湓口（今江西九江西），骚扰陶侃联军的后方，以声援苏峻。陶侃命庐江太守毛宝率军迎击。祖涣军南下途中，顺便围攻皖县（今安徽潜山）。毛宝率军驰援，流箭贯穿毛宝的大腿，射入马鞍，毛宝让人脚踏马鞍拔箭，鲜血流满长靴，但他面不改色，带伤指挥反攻，大破祖涣、桓抚，并乘胜进击东关、合肥，胜利而归。

祖约出师不利，手下部将遂勾结后赵进攻寿春（今安徽寿县，祖约军府所在地）。后赵乃命石聪、石堪等统军南下，渡过淮河，猛攻寿春，祖约叛将在城内里应外合，寿春陷落，祖约逃奔历阳（今安徽和县）。

祖约虽败，但建康城郊的战斗却越来越艰苦。温峤军一度缺粮，向陶侃借贷，险些引起联军内部的溃散。这时，东线大业已经被围多日，危在旦夕，陶侃打算出兵援救，长史殷羡说："我们的军队人数少，又不熟悉陆上作战，救大业万一不能取胜，恐怕大军就会瓦解。我们不如猛攻石头城，迫使东线叛军回援，大业之围自解。"陶侃同意。

九月，陶侃亲率舰队猛攻石头城，庾亮、温峤、赵胤等率步兵1万余人也从白石垒南下。苏峻亲领 8000 人迎击，先遣其子苏硕、部将匡孝领兵出击赵胤，赵胤军溃败。当时，苏峻正在慰劳将士，已经喝得半醉，遥望赵胤军狼狈逃窜，兴奋地说："匡孝能击破敌军，难道我不能？"于是率领左右几个骑兵冲向陶侃军阵营，但无法突破，又折向白木陂，可坐骑忽然被绊倒。说时迟那时快，陶侃部将彭世、李千等闪电般投出铁矛，正中苏峻，联军士兵蜂拥而上，把苏峻乱刀剁成碎块，焚烧残余骨骸。联军欢声雷动，高呼"万岁！"叛军只得拥苏峻之弟苏逸为盟主，代领其众，关闭石头城，严密防守。

苏峻战死，东线大业之围遂解。次年（329）春，联军攻杀苏逸等，祖约败投石勒，全家皆被石勒斩杀。苏峻、祖约之乱，至此平定。

大乱之后，皇宫已成一片灰烬，因此而有迁都之议。温峤提议把都城迁到豫章（今江西南昌），三吴士族则请求迁都会稽，实质都是为了把朝廷设在自己的势力范围之内，借以控制东晋政权。王导指出：

孙权、刘备都曾说过："建康王者之宅。"古时候的帝王，绝不会因为贫富的缘故迁都，只要推广农业，勤俭节省，何必忧虑凋敝！如果荒废耕田，乐土也会变成废墟。况且北方骑兵的游魂，正在严密注视着我们的一举一动，一旦露出懦弱，逃向蛮荒之地（指迁都豫章、会稽），不仅对外丧失威信，而且对内也不会平安，恐怕迁都绝非良策。现在，特别应该"镇之以静，群情自安"。

在王导的坚持下，迁都之议遂废，从此无人再提此事，建康逐渐恢复稳定。

第十章　王、庾之争

东晋政局，自成帝即位后发生明显变化。成帝年幼，王导、卞壶、郗鉴、庾亮等七人同时受明帝遗诏辅政。随后，庾后临朝称制，庾氏家族的地位迅速上升，庾、王之争成为东晋政局中的主要矛盾。郗鉴则处于这一矛盾之间，力求抑制矛盾的发展，以稳定时局。在郗鉴的大力支持下，王导得以继续掌政，使王氏家族地位历久不衰，也使东晋政局维持了十余年的表面平静，没有再发生类似王敦、苏峻之乱那样的内乱。

一、庾氏因缘而兴

颍川庾氏兴起始于魏晋之间的庾嶷。庾嶷在魏正始、嘉平年间任太仆兼大鸿胪，被誉为当世令器，先奉诏持节册命司马懿为相国，又列名上奏废齐王曹芳，成为司马氏功臣。

庾嶷有弟遁，遁有二子峻、纯，《晋书》皆有传。庾峻在曹魏末年任博士，潜心儒典，不重老庄；庾纯"博学有才义，为世儒宗"。庾峻、庾纯等人行事，属汉、魏儒学士族的典型形态。按照晋代时尚，旧时儒学大族如果不转习玄风，一般是很难继续为世人所重的。庾氏家族如果要使门户光大，必须完成由儒入玄的转变过程。

庾氏家族由儒入玄的转变，始于庾峻之子庾敳。史称庾敳读老庄书，暗合己意，"自谓是老庄之徒"①。他曾作《意赋》以寄怀，抒发荣辱同贯、存亡均齐之说。后参东海王司马越太傅军事，与王衍、王敦诸人为友。他既居权贵之地，处名士之间，以显扬其门户威望，而又惧祸福无端，常思默然，这是当时高门玄学之士的一种自处之道。庾敳有弟琛，琛子庾亮，与父琛一同避乱会稽。

庾琛、庾亮父子南渡后，均为琅邪王司马睿所辟。庾亮为镇东府西曹掾，庾琛为丞相府军谘祭酒。庾氏父子相继出仕后，仍举家居于滨海荒裔的暨阳，而不迁居建康，这与东晋之初琅邪王氏兄弟子侄辈麇集京城以逐利禄大不相同。像庾氏这样的家族后来能在朝廷扶摇直上，列入甲族，内持机要，外镇名州，前后显赫几十年，在相当程度上是因缘际会的结果。

两晋之际，世乱时艰，祸福莫测，士族名士一般不拘礼法，不通世务。他们在出身门第、家学渊源及学术风尚等方面，不乏符合从政条件的人。但这些人或是缺乏从政的才能，或是没有从政的兴趣，所以要物色足以托付国事的人才也非易事。

庾亮以士族名士身份入玄风为时人推重，又不废儒家礼法事功，出入玄

---

① 《世说新语·文学》注引《晋阳秋》。

儒，具有玄学表现和儒学内涵。这种个人素质，使他异于当时的多数名士，而颇类于王导。正因为如此，晋元帝司马睿才对他十分器重，并聘娶其妹庾文君为太子妃。可以说，这是庾氏家族得以振兴的一个转折点。

庾亮对东晋初年"王与马，共天下"的权力格局认识得很清楚，他深深懂得：自己没有能力改变这种局面，要使本家族获取更高的地位，还需要首先承认并维护"王与马"的权力分配。为此，他在元帝、明帝两朝，对触犯这种格局的事件的态度始终旗帜鲜明。

他反对崇尚申不害、韩非。琅邪王司马睿南渡后，就有推崇申、韩以加强皇权的思想。司马睿称帝后，把《韩非子》一书赐给太子司马绍，寓意显而易见。庾亮当时以中书郎侍讲东宫，对太子说："申不害、韩非的学说，刻薄寡恩，有伤教化，不应放在心上。"终元帝、明帝两朝，他都是抵制宣扬申、韩学说的，这说明他主张维持士族政治地位，反对限之以法。

他反对朝廷用刘隗、刁协诸人以制约琅邪王氏。元帝司马睿利用刘隗、刁协压抑王氏，引起王敦之乱已见前述。在此期间，庾亮态度暧昧，未有公开言论见于史册，但王敦再次起兵，屯聚于湖时，庾亮曾受命前往于湖会见王敦，大受王敦赞赏，因表荐庾亮为中领军，又表荐为中书监。庾亮则在《让中书表》中称"陛下践祚，圣政惟新，宰辅贤明，庶僚咸允"，对王氏兄弟予以赞扬。这是庾亮企图维持"王与马，共天下"格局，而不党同于刘隗、刁协的具体表现。

他与王导联手，力抗东晋宗室及其他外戚，以维持庾、王诸士族的政治地位。明帝经历了王敦之乱的剧烈震荡，亲庾亮、疏王导的倾向越来越明显，这使庾氏地位大大上升，大有取代王氏的架势，庾、王之争由此开始。但明帝在位期间，也重用一些与他更亲近的人物，如任用宗室南顿王司马宗、元帝虞妃之弟虞胤掌典宿卫禁军。明帝末年，曾想利用他们和士族名士的矛盾，谋废执政的王导、庾亮等人。对此，王导、庾亮深感不安，有时也策略性地向明帝表达出来，但明帝对司马宗、虞胤二人更加优厚，甚至连皇宫钥匙都交给他们保管。及明帝病重，司马宗、虞胤封锁宫门，隔绝群臣，以坚定明帝之志，成就贬黜之谋。于此关键时刻，庾亮毅然以帝舅的特殊身份，强行入宫，登上皇帝躺卧的御床，向明帝指控司马宗等打算贬逐大臣，由他自己辅政的阴谋。最终"帝始悟"，而遗诏王导、庾亮等七人辅政。这说明，尽管庾、王之间利害不尽相同，而且在明帝时矛盾有越来越明朗化的趋势，但他们在维护门阀士族政治方面的立场，却始终是一致的。

庾亮的上述表现，使他在士族中的声望大为提高。成帝即位后，太后称制，庾氏坐大，庾亮已经凌驾于王导之上，大有变"王与马"为"庾与马"之势，庾、王矛盾日趋激化。而在这两大家族势力之间起平衡、调节作用的则是郗鉴。

二、庾亮出镇与谋废王导

庾亮掌政，排抑宗室诸王，而坞主苏峻则"为逋逃薮"，即藏纳见逼于庾亮的宗室诸王，由此使坞主与士族之间的矛盾不断升级。苏峻、祖约之乱，从其自身方面来说，是坞主恃功骄恣，要求报偿；从庾亮方面来说，则是鉴于苏峻"拥兵近甸，为逋逃薮"，而生疑窦。庾亮一意孤行，坚持征召苏峻入朝，终于酿成动乱，又一次引起东晋政局的剧烈变动。大乱之后，京邑丘墟，物议沸腾，庾亮为平息群情，不得不暂退一步，做出姿态。

晋成帝回宫后，庾亮反复引咎自责，请求辞职、举家迁居深山之中或大海之滨。成帝亲自写信给他，说："这是国家的灾难，不是舅舅的责任。"庾亮再次上书陈述自己的罪责："祖约、苏峻肆意行凶，叛逆作恶，一切罪责都由臣举措不当而引发。就是把臣寸寸斩割，也不足以告慰天子七庙的在天之灵；就是将臣毁身灭族，也不足以阻塞天下人的责难。虽然陛下宽大饶恕，有司纵而不戮，臣还有什么颜面列于朝堂？愿陛下恩准臣自投草泽，自生自灭。"成帝下诏：扣留庾亮船只。

庾亮于是又请求外任，朝廷乃任命庾亮为都督豫州、扬州之江西、宣城诸军事、兼豫州刺史、宣城内史、出镇芜湖（今安徽芜湖）。

庾亮谋求出镇芜湖自有他的打算。当时，长江上游的江州属温峤，荆州属陶侃，此二人都是东晋功臣。庾亮深知，温峤本来是作为刘琨使者来到建康的，他在东晋朝廷孤立无援，居江州并无多少实力；拥有实力的陶侃虽是南人，但门第不显，年迈而又无出众的子息可以继承其业。所以，只要不出现不利于庾亮的异常事态，庾亮完全可能逐步扩大其控制地域，取得江、荆二州，统一长江上游，然后就可以就近控制朝政，与王导相持，并最后取代王导。此后十余年间长江上游的形势和上下游的关系，确实是沿着这一方向发展的，庾氏家族的势力日益强大。

咸和四年（329），庾亮出镇芜湖，《资治通鉴》胡三省注对庾亮都督诸军事的地境作出了如下解释："豫州、扬州之江西：淮南、庐江、弋阳、安丰、历阳等郡也。宣城郡属扬州。"这就是说，庾亮都督范围包括侨立的豫州，也包括扬州的江西诸郡以及扬州江东的宣城郡。由此我们可以清楚地看到，建康上游，紧迫建康，长江两岸的郡县全在庾亮手中，庾亮的军队朝发而夕可至建康。所以庾亮名为藩镇，实际上却能控制朝政。王导则被庾亮困在京都，无法施展，只有等待时机，徐谋生计。

庾亮出镇后，中央权柄又入王导之手。王导不愧是位干练的政治家，他面对艰局，惨淡经营，首先稳定建康的局势。他否定了温峤请求迁都豫章、三吴士族请求迁都会稽之议，改善了国库空竭的困难状况，使政局又趋稳定。咸和六年（331）冬，东晋蒸祭太庙，成帝把祭肉送给王导，且令王导不行叩谢，王导声望达于顶点。成帝刚即位时，见到王导，一定叩拜，下达给王导的诏书，第一句就是"惶恐陈述"；经中书下达给王导的正式诏书，第一句就是"敬问"；王导因体弱多病，不能每天参加朝会，成帝有时亲自驾临王导家，向王导及其妻曹氏行叩拜礼。这就是"王与马，共天下"，王导俨然像个皇帝。

不过这时的琅邪王氏，兄弟子侄辈死丧略尽，王氏门户势力远不足以支持王导当权。但王导仍能排除困难，掌握政权，使王氏家族地位历久不衰，使"共天下"的局面又支撑了十余年。其中的原因，除王导自己"善处兴废"之外，主要是由于郗鉴屯驻京口，以军事实力支持王导的结果。

郗鉴从平定苏峻之乱以后，长期镇守京口，与居武昌的荆州刺史陶侃、居芜湖的豫州刺史庾亮均为当时的重要藩镇，形成三足鼎立之势。

京口（今江苏镇江）位于建康下游，是建康、会稽间的交通枢纽。会稽为三吴的腹心，是东晋的产粮基地和战略大后方。由会稽至建康，通常是西行过钱塘，北上吴郡，西北经晋陵（今江苏常州）、曲阿（今江苏丹阳）而至京口，再溯长江西上抵建康。京口恰好是这条交通线的枢纽。此外，京口的战略地位十分重要，它可以南控三吴，北御少数民族政权，又可以拱卫京师，威慑上游。

郗鉴率先认识到京口的重要性，因此谋镇京口。王导则认识到郗鉴是王氏可以依托的唯一藩镇，因此主动与郗鉴搞好关系。郗鉴拥兵京口，为维护江东政局，鼎力支持王导，以避免庾、王矛盾激化，再动干戈。

庾亮出镇芜湖，只是对王导一步之让，此后，庾、王之争一直未曾间断，其中，主要表现为庾、王江州之争和庾亮谋废王导。

咸康四年（338）五月，庾亮致郗鉴笺云："主上自从八九岁起，就入宫生活在宫女宦官群中，出宫则只看到武官和一些小人物。读书时没有人教他如何读音，如何断句；处理庶政时，也没有遇到有见识有才干的正人君子。秦始皇实行愚民政策，天下人都认为不可，何况有人打算使他的君王愚昧无知？而今，皇上的年龄渐长，应该把政权交还皇上，偏偏有人不但不肯交还政权，反而利用刚刚就任太傅（本月王导任太傅），豢养大批流氓无赖。阁下跟我同时受到托孤重任，面对大奸大恶，不能扫除，将有何面目见先帝（明帝司马绍）于地下？"庾亮打算跟郗鉴联合起兵，罢黜王导。郗鉴坚决反对，阻断其谋。

当时，庾、王矛盾风传甚广。南蛮校尉陶称（陶侃子）向王导透露说庾亮准备起兵，有人劝王导暗中准备。王导说："我与庾亮休戚与共，祸福相依，没有根据的闲话，智者不会传播。即使发生你所说的事，庾亮要来就让他来，我正好可以换上平民衣帽返回私宅，有什么可害怕的！"又写信给陶称，嘱咐说："庾公是皇上的娘舅，你应该好好侍奉他。"由此传言平息。当时，庾亮虽居外镇，而执朝廷之权，趋利者多归之，王导心中不平，遇西风尘起，常举扇自蔽，说："元规（庾亮，字元规）尘污人。"《世说新语·雅量》注引《中兴书》曰："于是风尘自消，内外缉穆。"此话虽不甚符合历史实际，但庾、王矛盾由此转缓却是事实。

庚亮谋废王导不遂，郗鉴起了决定作用。此外，庚亮征西府内也有人不赞同此事，征西参军孙盛劝谏庚亮说："王导一直想辞去官职，悠游世外，岂肯为凡人事耶？这一定是奸邪小人，从中挑拨离间。"孙盛所谓王导不肯为"凡人事"，当指庚亮以王导有篡晋之举为起兵口实。孙盛为之剖辩，庚亮颇纳之，因而不再谋图举兵。

庚、王交恶，当时人所共知，王导老谋深算，不事声张，并且设法杜绝逸人之口，这是王导"善处兴废"的一种策略和表现。但是只靠王导的政治才能并不足以止息庚亮之谋，郗鉴拥兵京口，力拒庚亮而支助王导，才使东晋政局未发生大变，使琅邪王氏的地位经久不衰。由此可见，在苏峻之乱后，庚、王倾轧之中，郗鉴起到了稳定江东政局的积极作用。故王夫之在《读通鉴论》卷13才说："东晋之臣，可胜大臣之任者，其为郗公乎！"

三、王、庚"江州之争"

庚亮以豫州刺史出镇芜湖，只是暂时的以退为进之计，因为豫州、扬州相持，在地理上距离太近，没有缓冲余地，不利于维持彼此的平衡。以前，王敦据姑孰，苏峻处历阳，与建康短兵相接，这种教训，庚亮和王导都是不会忘记的。为此，庚亮出镇的目的就是向长江上游发展，夺取江、荆二州，在长江上游发展力量，以谋取庾氏门户利益。王导为使建康减轻长江上游的军事压力，也需要争取江州作为缓冲，进而控制长江上游。所以，苏峻之乱平息后，庾、王之争主要是围绕江州展开的。

《资治通鉴》卷128云："晋氏南迁，以扬州为京畿，谷帛所资皆出焉；以荆、江为重镇，甲兵所聚尽在焉，常使大将居之。三州户口居江南之半。"三州的州治和军府都设在长江沿岸，加上侨置的豫州、徐州，大体构成一条划江而守的南北防线。当时，东晋布兵于江淮之间和江汉之间，视南北力量对比的变化而作进退。当力量不足以控制这一地区而不得不转移防线时，退兵的极限就是长江。当然，如果江北弃守，长江天堑暴露在敌人眼前时，江南就会进入危机状态。所以，划江而守的国策，除了要求荆、江、豫、扬、徐诸州的治所或军府必须设置在长江沿岸，不得南移以外，还要求尽可能在江北控制住一定的土地，作为南北缓冲地带。如有可能，甚至还要掌握一部分淮、汉以北的土地。正由于长江一线具有这种重要的战略价值，所以，东晋士族之间的冲突往往沿着长江一线展开。长江上游地理上的顺流优势，可以转化为军事上、政治上的优势，加上荆、江"甲兵所聚"的条件，谋求家族权力的士族往往抢据上游，庾亮的意图也正在于此。

东晋时的江州，地境辽阔，兼括今江西、福建之地，农业渐趋发展，粮食充盈。江州又位居荆、扬之间的军事要冲，地位十分重要。江州若合于荆州，长江上游就更能自主，从而对长江下游的优势也会加大，建康就会受到威胁。

江州如果控制在建康朝廷之手，荆州方镇将难于独立，有可能受制于建康。因此，庾、王对江州的争夺就激烈地悄悄展开了。

庾亮出镇芜湖之初，长江上游江州控制在温峤手中，荆州控制在陶侃手中。庾亮出镇的当年，江州刺史温峤死，东晋朝廷任命平南将军刘胤接替江州刺史。陶侃、郗鉴一致反对，说："刘胤没有独当一面的才能。"司徒王导不予理睬，其实王导是想利用刘胤在长江上下游之间起缓冲的作用。所以，当有人对王导的儿子王悦说："大难之后，社会秩序难以维持。从江陵到建康三千余里，逃荒的难民数以万计，散布江州。江州是国家南方的屏障，形势险要。可刘胤骄傲蛮横，奢侈浪费，只求自己享受，即使灾难不从外来，也必然发生内乱。"而王悦则说："这是温峤的遗言。"

温峤原是北方刘琨的部属，奉刘琨之命南来劝进，因参与平定王敦之乱，得居江州。温峤无王氏、庾氏那样有影响力的门第，也无上游荆州陶侃那样的军事实力，只是处于下游庾、王与上游陶侃之间的缓冲地位，起到调和上下游的作用。刘胤也是列名于劝进表的北方坞主邵续所遣赴建康的使者，在江东诸门阀士族间无所依傍。刘胤出任江州，出于温峤之意，刘胤在出身、经历以及同东晋政权的关系等方面，都与温峤相近，因此，按理应当能够起到缓和长江上下游的作用。

但刘胤傲慢自大，一天比一天自命不凡，专心经营私人生意，累积财富有百万之多。每天饮酒欢宴，纵情享乐，不理政事，而被有关部门弹劾："如今国库枯竭，文武百官没有俸禄，完全依靠江州运输供应，可是刘胤私人的商船布满江面，把持交通，妨碍公务，请免除刘胤官职。"朝廷遂下诏免除刘胤官职，可刘胤并不接受，反而上书解释申辩。

这时，朝廷下诏征后将军郭默为右军将军，入京供职。朝廷此举实际上是想夺其兵权。郭默也是北方坞主出身，刘遐死后，得以领其部众。郭默不甘心落得苏峻一样的下场，不愿入京供职，遂把内心感受告诉刘胤，请求帮助。刘胤拒绝说："我这个小人物没有这种力量。"郭默准备动身赴京，请求刘胤供给旅费，刘胤也拒绝，而刘胤的长史张满等也一向轻视他，甚至全身赤裸，一丝不挂地接见郭默，以表示压根瞧不起他。郭默无法忍受这种羞辱，恨得咬牙切齿。恰在这时，有流人盖肫抢夺别人家的女儿，强迫做自己的妻子，张满命盖肫把抢来的女子放回去，盖肫遂向郭默挑拨说："刘胤拒绝诏书，秘密进行其他阴谋，跟张满日夜计划，只是怕你一个人，准备先把你除掉。"郭默信以为真，遂诈称接到皇诏，率兵诛杀刘胤、张满等，把刘胤的人头送到京师。他又写了一份假诏书，向内外公布，把刘胤的女儿及诸妾、金银财宝都装到船上，声言也要送到京师，但到了晚上又把刘胤之女及诸妾运回，占为己有。

对于江州这场事变，王导似乎存心利用以控制江州，削弱长江上游势力，所以立刻承认这一既成事实，任命郭默为江州刺史。

陶侃听说后，咆哮道："其中一定有诈。"下令出兵讨伐郭默。正巧，郭默派人献来美女、绸缎以及皇诏抄本。陶侃的幕僚都劝谏说："郭默如果不奉诏书，怎么敢做出这种事？一定要出兵的话，也应先行呈报批准。"陶侃厉声说：
"皇上年纪还小，诏书不由他亲自作主。刘胤虽然不是做封疆大臣的料，但也
不至于动用极刑。郭默仗恃他的勇猛，认为大乱刚刚平息，军纪不严，才利用
这个机会翻云覆雨！"于是派人前往京师，奏明出兵理由，并写信给王导说：
"郭默杀方州，即用为方州；害宰相，便为宰相乎？"王导为其解释说："郭默
盘踞长江上游，加上拥有庞大舰队和现成的辎重装备，不得不对他隐忍包容，
让他暂时割据江州。等足下大军一到，朝廷大军自会会师，这岂不是克制自
己、顾全大局之策！"陶侃看到王导的回复后笑道："其实，这正是姑息养奸。"

陶侃遂起兵东下，斩杀郭默，兼领荆、江二州。此时，庾亮无力与陶侃
争夺，反而倍感荆、江之势对豫州造成的压力极大，为保全自己，他不得不暂
时缓和同王导的关系，以图共抗陶侃。而陶侃自知无力突破东晋门阀政治的藩
篱，所以到了晚年，心怀知足之分，不再干预朝廷政事。这样一来，东晋政局
在几年之内大体相安无事，庾、王矛盾也暂时隐于深处。

成帝咸和九年（334），陶侃病逝。庾亮加都督江、荆、豫、益、梁、雍六
州诸军事，兼江州、豫州、荆州三州刺史，自芜湖移镇武昌。庾亮离开芜湖，
建康暂释重负，给力图改变现状、重新部署王氏力量的王导提供了大好时机。

王导为改变自己受制于建康的窘境，除了依托京口的郗鉴之外，必须谋求
缓冲来自长江上游的军事压力。为此，趁庾亮移镇武昌，王导旋即任命王允之
（王舒子，王导侄）出任宣城内史、监扬州江西四郡诸军事、建武将军，镇于

湖。于湖在芜湖附近，两地都在江东。王导派王允之出镇于湖，显然是为了占领紧逼建康的长江两岸之地，以图缓解琅邪王氏在京城的困境。但是，这时的豫州刺史仍是庾亮，王允之出镇只是投石问路，要想进行大规模的军事部署，进而从庾亮手中夺取豫州和扬州江西四郡，还需要寻找口实。

咸康元年（335）春，后赵石虎南巡，所属游骑兵 10 余人一度深入历阳，历阳太守袁耽火速上报朝廷，但没有说明有多少敌骑，朝廷大为震动，人心恐惧。其实，这是袁耽有意谎报军情，为王导提供一个兴兵的机会。所以，王导只凭一纸表奏，也不核实军情，就请求亲自出兵迎击。

于是，朝廷加授王导为大司马、"假黄钺"（有专斩节将的权力）、都督征讨诸军事，调兵遣将。王导遂利用这个机会，分命诸将，派将军刘仕救历阳，平西将军赵胤驻屯慈湖，龙骧将军路永戍牛渚（今安徽马鞍山南），建武将军王允之从于湖移镇芜湖。司空郗鉴则派广陵相陈光率军入卫京师。在短短 15 天之中，王导利用机会调兵遣将，完成了对豫州治所周围要地的占领，向庾亮进行了一次成功的反击。当年庾亮出镇时所统"豫州、扬州之江西、宣城诸郡"，统统划归琅邪王氏势力范围之内。

当然，庾、王江州之争至此并没有结束，在王导、庾亮相继去世的前后，庾、王之争又出现了新的高潮。

咸康五年（339）七月，王导病逝，时年 64 岁。丧葬仪式，效法霍光及晋安平献王司马孚前例，并参酌使用天子特有的礼仪。

史书评价说："王导清心寡欲，平时看不出他对国家有什么裨益，但经年累月下来，他也有很大贡献，一连担任三朝皇帝的宰相，家里的仓库没有存粮，身上的衣服只有一件是绸缎制成。"

同年八月，石虎派兵 5 万进攻东晋荆州及扬州边境，另派 2 万人攻击庾亮部将毛宝、樊峻镇守的邾城（今湖北黄冈西北）。当时庾亮正在部署北伐，及荆州战事告急，他才停止行动。不久，邾城（在江北）陷落，毛宝、樊峻渡江突围时淹死。庾亮不但没有进一步加强荆州防务，反而利用石虎南犯之机，派其弟庾怿急率所部沿江千里东下，进驻江州的半洲（今江西九江以西）。目的很明确，就是利用这次机会遏制下游王氏势力向上游的扩张，既是为了防守，也是为了进攻。

随后，朝廷任命庾怿为豫州刺史，监宣城、庐江、历阳、安丰四郡军事，假节，镇芜湖。至此，庾怿监四郡夹长江而扼建康，恢复了庾亮出镇荆州以前在豫州的态势，这显然是针对王允之出任宣城内史、监四郡、镇芜湖而采取的一次反制措施。琅邪王氏处心积虑夺回的豫州和扬州四郡又回到庾氏之手。

次年正月，庾亮死，王允之晋号征西将军、假节，迁任江州刺史，将势力推进到庾怿的后方。

由此可见，咸康五年（339）是王、庾两家士族生死搏斗的一年，结果只是暂时打了个平手。这时的东晋朝廷也进行了新的调整。王导早在去世之前，就向成帝推荐丹阳尹何充接替自己，何充是王导的外甥，何充的妻子则是庾亮的妹妹，他可以在庾、王之间起缓冲作用。王导死后，成帝遂任命何充为护军将军，庾冰（庾亮弟）为中书监，兼领扬州刺史。可何充并非一流士族，无力与庾冰抗衡，遂"避诸庾"而出镇京口。庾氏家族完全控制了朝政，而琅邪王氏的地位则急转直下，王允之死后，江州也落入庾氏的直接控制之下。

在琅邪王氏家族的发展史上，王允之是企图以军事实力维持王氏家族利益的最后一人。王允之死后，琅邪王氏虽然还是代有显宦，宗族不衰，但基本上是靠祖宗余荫，靠社会影响。此后，琅邪王氏在政治上的影响力日益递减，"王与马，共天下"已成为过去，而由庾氏家族取代了王氏与晋室"共天下"的地位。但颍川庾氏家族根基不深，好景不长，很快就在谯国桓氏的打击下夭折了。

纵观王导的一生，其政治活动主要体现在创建东晋政权和稳定晋初政局两个方面，无论肯定还是否定王导在历史上的地位，都无法回避这个事实。我们说王导作为一代开国重臣，他在历史上应是一个予以肯定的人物。根据唯物史观，评价历史人物的一个最基本原则，是不能离开具体的历史条件去抽象地评论。王导所处的时代是晋末"八王之乱"、北方少数民族南下、流民浪潮旷世罕见的时代，他于此时团结南北大族，拥司马睿建立东晋政权，无疑有利于阻止少数民族军事贵族对高度发达的封建文明的进一步破坏。我们无意贬毁北方少数民族在历史上发挥的作用，但不能否认中原汉族文化在当时是最先进的文化，代表着历史演进的方向，而当时北方民族尚未开化，还具有很强的攻击性，对中原文化除了造成破坏和毁灭，极少具有建设性，起码在其完成封建化以前是如此。东晋政权的建立，使淮河以南地区免遭战乱；使中原文化得以保存、延续和发展；使历史前进的步伐虽然滞缓但没有倒退，难道我们还有什么理由否定东晋存在的正当性吗？明乎此，我们当然要肯定王导在其中起到的进步作用。

整个东晋南北朝时期，在历史上取得了两大成绩：一是北方民族（包括南方）的大融合；一是南方经济的开发和发展。南方经济的空前发展，其基础是在东晋初年奠定的。经济的发展离不开政治的稳定，东晋初年虽然先后发生王敦、苏峻两次叛乱，但其对社会经济的危害远不如"八王之乱"。东晋政权能将这两次叛乱限制在尽可能小的范围内，王导无疑起到了决定性作用。他先是起来反对王敦的第二次起兵，使大多数琅邪王氏家族成员及其社会势力没有卷入叛乱；后又控制三吴，使苏峻乱兵没能深入三吴经济区。同时，他的立场也影响和左右了其他大族站在朝廷一边，群起而坚决反对任何破坏安定的叛乱行为。此外，他调和南北大族的势力、安置流民的措施等，都有利于南方政局的稳定。所以说，南方经济的发展由东晋初年奠定基础、由王导开其端，并不为过。

评价王导还有一个棘手问题，就是对门阀及门阀政治的评价。秦汉以来的官僚阶级至魏晋形成门阀这一特殊的身份性阶层，并在政治权力的运转中演变成为门阀政治。应当说，这是历史发展的一个必然阶段，有其存在的合理性。

门阀也称大族、世族、士族、望族、势族、高门、甲族、华胄等，是家族制度发展的典型形态，而其对社会政治的干预和垄断则是中国权力结构演变中的特殊形式。门阀从其形成之日起，就表现出它所固有的寄生性、腐朽性，只是在其发展的不同阶段表现程度有别而已，但我们绝不能据此而对门阀阶层一概否定；因为其中也不乏有作为、有胆识的杰出代表。王导作为门阀的一员，特别是作为一流大族的代表，在两晋之际充分利用了本家族的优势，最大限度地发挥了作为门阀一分子所能起到的积极作用，推动社会趋向秩序、稳定和发展。我们没有理由依其出身来判断是非曲直，否则，只能流于教条化。我们如是说，也不排除王导囿于门阀所固有的狭隘、鄙陋的一面，但将两者置于历史的天平上时，就不难发现在他身上体现出来的积极的、进取的因素，远远大于消极的、狭隘的因素。

否定王导的意见，一般多抓住他对待北伐的态度和"愦愦"之政大作文章。正如文中所述，王导提出的"当勠力王室，克复神州"只是一个口号，一面旗帜，在北方大族大量南渡因寄人篱下而心灰意冷时，这一口号起到了在精神上安定人心、鼓舞斗志的作用，使他们在困难重重、危机四伏的条件下，增强建立统一政权、抵抗北方少数民族南下的信心。因此，它的作用主要体现在精神力量上，至于是否采取北伐行动，要视具体的历史条件而定。当然，随着时间的推移，所谓"克复神州"演变为一句空洞的口号，也是事实。而从另一角度讲，王导亮出这一旗帜的目的，主要是为了鼓舞人心，而非实际操作，在其完成历史使命后流于形式，似乎也无可厚非。退一步讲，东晋初年少数民族南下刚刚开始，北方少数民族军事贵族的割据力量还十分强大，并不具备实现全国统一的条件，东晋不把主要力量投入北伐应该是一种明智的选择。所谓"合久必分，分久必合"要依历史条件的变化而转移，不能把"合"主观地视为唯一的合理格局，不能用"大一统"的心态去评估每一个历史演进的必经阶段。

对于王导的"愦愦"之政，用一般眼光去衡量，自然会发现其姑息养奸、维护家族利益的一面，这是不容否定的。可在南方大族、北方大族之间以及门阀与庶族之间矛盾错综复杂，时刻都潜伏着冲突可能的条件下，事事"细刻"，严法督责，除了激化矛盾，恐怕不会有更好的结局。这种"网漏于吞舟之鱼"的政策，其实并非始于王导。西汉初年曹参"萧规曹随"、东汉刘秀以"柔道"治国，在精神实质上与王导的"网漏"并无二致。只是前者侧重于缓和统治阶级与被统治阶级的矛盾，而后者则侧重于缓和统治阶级内部的矛盾，目的是相同的，都是为了化解各种可能激化的矛盾，在安定中求发展。今人还习惯于从阶级立场出发去评断历史问题，所以才对曹参、刘秀大唱颂歌，而抓住王导的"愦愦"不放。殊不知这是戴着阶级偏见的眼镜审视历史的一种做法，得出的只能是极不公正的结论。

王导生平大事年表

公元 276 年（晋武帝咸宁二年） 1 岁

王导出生。

公元 290 年（晋武帝太熙元年） 15 岁

晋武帝司马炎卒，子司马衷立，立贾南风为皇后。杨骏为太傅矫诏辅政。

公元 291（晋惠帝永平元年） 16 岁

贾后杀杨骏，废杨太后。

贾后杀汝南王亮、楚王玮，自专国政。

公元 299 年（晋惠帝元康九年） 24 岁

江统上《徙戎论》。鲁褒作《钱神论》。贾后废太子遹为庶人。

公元 300 年（晋惠帝永康元年） 25 岁

贾后杀太子遹。

赵王伦用孙秀计，杀贾后及裴颜等，自为相国。

公元301年（晋惠帝永宁元年） 26岁

张轨为凉州刺史。

赵王伦废惠帝自称皇帝。成都王颖等起兵讨赵王伦，伦伏诛。惠帝复位。

齐王冏入洛执政。

公元302年（晋惠帝太安元年） 27岁

成都王颖、河间王颙、长沙王乂兵讨齐王冏。长沙王乂杀冏执政。

公元303年（晋惠帝太安二年） 28岁

张昌在江夏起义，国号汉，据荆、江、徐、扬、豫所属城邑。

张昌别将石冰据临淮。

公元304年（晋惠帝建武元年） 29岁

东海王越使张方杀长沙王乂。

周玘灭石冰，一定江南。

陶侃攻杀张昌。

刘渊迁左国城，称汉王。

公元305年（晋惠帝永兴二年） 30岁

东海王越任琅邪王睿为平东将军，以王导为平东将军府司马。

东海王越起兵讨河间王颙。

陈敏据历阳反，称大司马、楚公。

公元 306 年（晋惠帝永兴三年） 31 岁

东海王越毒死惠帝，怀帝司马炽即位。"八王之乱"结束。

刘琨为并州刺史。

公元 307 年（晋怀帝永嘉元年） 32 岁

周玘、顾荣、甘卓攻杀陈敏，再定江南。

琅邪王睿出镇建邺，王导为谋主。

公元 308 年（晋怀帝永嘉二年） 33 岁

王导辅佐司马睿取得南士纪瞻、顾荣等人的拥戴。

公元 311 年（晋怀帝永嘉五年） 36 岁

东海王越死于项。

石勒执杀王衍于苦县，围歼晋军主力 10 余万人。

刘曜、王弥、石勒攻陷洛阳，俘晋怀帝。

北方士族多南渡，王导说服司马睿多加辟用。

石勒杀王弥并其众。

冯翊太守索綝、安定太守贾疋等迎秦王邺西上。

公元 312 年（晋怀帝永嘉六年） 37 岁

石勒筑垒于葛陂，劝农造舟，将攻建邺。寻从张宾计，据襄国为都。

王敦攻杀王如。

公元 313 年（晋愍帝建兴元年） 38 岁

刘聪杀怀帝于平阳。

司马邺即位于长安。以司马睿为右丞相。

司马睿以祖逖为豫州刺史，率部曲渡江北伐。

公元 315 年（晋愍帝建兴三年） 40 岁

晋以司马睿为丞相。

陶侃攻杜弢，弢败死。

司马睿以王敦为镇东大将军，加都督江、扬等六州军事。

公元 316 年（晋愍帝建兴四年） 41 岁

刘曜陷长安，俘愍帝，西晋灭亡。石勒陷并州，刘琨奔蓟县依鲜卑段匹磾。

公元 317 年（晋元帝建武元年） 42 岁

司马睿称晋王，都建康，东晋建立。以王导为丞相，王敦为大将军兼扬州刺史。

豫章太守周访破杜曾。

公元 318 年（晋元帝大兴元年） 43 岁

司马睿即皇帝位。以长子绍为皇太子。加王敦江州刺史，王导为骠骑大将军、开府仪同三司。寻以王导领中书监、录尚书事。

刘聪卒，刘粲立。

靳准杀刘粲自立为王。

刘曜即皇帝位于赤壁。

公元 319 年（晋元帝大兴二年） 44 岁

刘曜徙都长安，改国号为赵（前赵）。

石勒于襄国称赵王（后赵），寻改称皇帝。

公元 321 年（晋元帝大兴四年） 46 岁

石勒陷幽、冀、并州，段匹磾死。晋以王导为司空。以戴渊为征西将军、都督司、兖等六州诸军事、司州刺史，镇合肥；以刘隗为镇北将军、都督青徐幽平四州诸军事、青州刺史，镇淮阴。

豫州刺史祖逖忧死，弟祖约代领其众。

公元 322 年（晋元帝永昌元年） 47 岁

王敦反叛，攻入建康，杀周颛、戴渊，自为丞相、都督中外诸军事、录尚书事。

元帝司马睿卒，子绍立。

公元 323 年（晋明帝太宁元年） 48 岁

王敦屯姑孰，以王导为司徒。

晋以庾亮为中书监。

公元 324 年（晋明帝太宁二年） 49 岁

王敦复反，旋病卒。其众为刘遐、苏峻击溃，敦党钱凤、沈充被杀。

公元325年（晋明帝太宁三年）50岁

明帝卒，子司马衍立，王导、庾亮、郗鉴、卞壶等共同辅政。干宝著《晋纪》。

公元328年（晋成帝咸和三年）53岁

苏峻反叛，攻入建康，尚书令卞壶等战死。王导密令三吴起兵讨峻；温峤、庾亮拥陶侃为盟主联兵讨伐苏峻。峻败死。

祖约败奔石勒，被杀。

公元329年（晋成帝咸和四年）54岁

庾亮出镇芜湖。

王导镇抚内外，否定迁都之议，使东晋政局又趋稳定。

江州刺史温峤卒。陶侃兼领荆、江二州。

公元334年（晋成帝咸和九年）59岁

陶侃卒。庾亮加都督江荆豫益梁雍六州诸军事，兼领江、豫、荆三州刺史，移镇武昌。

王导任王允之为宣城内史，监扬州江西四郡诸军事，出镇于湖。

公元335年（晋成帝咸康元年）60岁

后赵游骑侵历阳。晋加授王导为大司马、"假黄钺"、都督征讨诸军事，出兵抵御。

公元 338 年（晋成帝咸康四年） 63 岁

庾亮谋起兵废王导，因郗鉴反对而止。

晋以王导为丞相，郗鉴为太尉，庾亮为司空。

公元 339 年（晋成帝咸康五年） 64 岁

王导病逝。享年 64 岁。